LEYES INFAMES EN VENEZUELA

LEYES HABILITANTES: APARIENCIA DE LEGALIDAD DE UNA DICTADURA

Carlos Ramírez López

De esta edición
© Interamerican Institute for Democracy, 2016

© Dr. Carlos Ramírez López, 2016

Todos los derechos reservados

ISBN: 978-1539573814

Interior design: Kiko Arocha
www.alexlib.com

Cover: Beatriz E. Pardo

Fondo Editorial
Interamercian Institute for Democracy
2100 Coral Way. Ste. 500
Miami, FL 33145
U.S.A.
Tel: (786) 409-4554
Fax: (786) 409-4576
www.intdemocratic.org
iid@intdemocratic.org

DEDICATORIA

Escribo este libro desde el exilio sintiendo como propio el dolor de mis compatriotas que padecen, sufren y luchan en la amada tierra venezolana, antes escribí uno sobre los precedentes de esta tragedia, "El Fruto del Árbol Envenenado, la Constituyente como excusa para matar al Estado Democrático" titulé aquél donde nos paseamos por la trama engañosa y trágica de la dictadura disfrazada de cordero que con ferocidad mastica y traga todas nuestras libertades convirtiendo aquel paraiso en el doloroso escombro donde niños con sus padres y abuelos mueren de hambre, de rabia, de dolor.

Ahora voy con este ensayo sobre la falsa democracia que se nos impone con guante blanco que cubre una mano negra de monstruo revolucionario que defeca LEYES INFAMES EN VENEZUELA, que así se titula este trabajo el cual desde lo más profundo de mi ser dedico a los hasta ahora contabiliza-dos 118 presos políticos que sufren sin proceso legal, en las mazmorras infames, muchos con problemas de salud que nada importa a los carceleros, a ellos mi palabra de aliento, que la libertad la llevan por dentro y nos la transmiten con su bravura irredenta:

LISTADO DE PRESOS POLÍTICOS EN VENEZUELA
Listado tomado de https://foropenal.com

Francisco Javier Lara Márquez
Gabriel Salomón San Miguel
José Gregorio Hernández Carrasco
Angel Coromoto Rodríguez
Daniel Eduardo Morales Hidalgo

Jeremy Bastardo Lugo
Deivis Gabriel Hernández
Yefferson Araguache Valderrama
Jesús David Chirinos Rodríguez
Vilca Fernández

Javier Infante Pérez
Huberto Yusuino
Yelut Naspe Iniestra
Gustavo Junior Parra Azuaje
Manuel Rosales
Romer Joaquín Mena Nava
Hector Alejandro Zerpa
Danny Gabriel Abreu Abreu
Andrea Susana González de León
Fray Antonio Roa Contreras
Eduardo Figueroa Marchena
Edgar Bolívar Ramírez
Antonio José Ledezma Díaz
Pedro Rafael Maury Bolivar
Petter Alexander Moreno
Ricardo José Antich
Luis Rafael Colmenares Pacheco
Luis Lugo Calderón
Jesús Salazar Mendoza
Henry Salazar Moncada
Carlos José Esqueda Martínez
Franklin Fermín Hernández Hernández
Carmen Alicia Gutierrez
José Gámez Bustamante
Juan Miguel De Sousa
Gilberto Sojo Rengifo
Victor Andrés Ugas
Gregory Sanabria
Juan Pablo Giraldo Ochoa
María Elena Uzcátegui
Gabriel Valles Sguerzi
Lorent Enrique Gómez Saleh
Skarlyn Duarte
Leonel Sánchez Camero
Efraín José Ortega Hurtado
Vasco Manuel Da Costa

José Luís Santamaría
Araminta González
Ronny José Navarro Rodríguez
Jimmy Torres
Renzo David Prieto Ramírez
Gerardo Ernesto Carrero Delgado
Nixon Alfonzo Leal Toro
Carlos Pérez
Angel Armando Contreras Ravelo
Eduardo Enrique García Piña
Laided Salazar de Zerpa
Andrés Thompson Martínez
Neri Córdoba Moreno
Cesar Orta Santamaría
Victor José Ascanio
Vladimir Araque Hainal
Ruperto Chiquinquirá Sánchez
José Gregorio Delgado
Rosmit Mantilla
José Acacio Moreno
Yeimi Varela
Ignacio Porras Fernández
Marcelo Eduardo Crovato Sarabia
Angel Betancourt
Chamel Akl
Jun Carlos Nieto Quintero
Oswaldo Hernández
Raúl Emilo Baduel
Alexander Tirado
Daniel Omar Ceballos Morales
Leopoldo Eduardo López Mendoza
Víctor Manuel García Hidalgo
Rolando Guevara
Otoniel Guevara
Juan Bautista Guevara
Iván Simonovis Aranguren

ErasmoJosé Bolívar
Marco Javier Hurtado
Arube José Pérez Salazar

Luis Enrique Molina Cerrada
Hector José Rovaín

Algunos están presos en sus casas, o con medidas restrictivas, alguno puede faltarme mencionar y en tal caso le pido me disculpe porque esos son los nombres que tengo, y a todos, absolutamente a todos es que hago esta dedicatoria.

Tambien dedico a los caidos en la lucha, a todos, aunque solo cito los nombres de los que dispongo.

Alejandro Márquez
Geraldine Moreno Orozco,
Bassil Da Costa
Juan Montoya
GénesisCarmona
Roberto Redman
Angelo Vargas
Daniel Tinoco

Geraldine Moreno Orozco
Génesis Carmona
Roberto Redman
Bassil Da Costa
José Ernesto Méndez
Asdrúbal Rodríguez
Jimmy Vargas
Wilmer Carballo…

ÍNDICE

PRÓLOGO 5
INTRODUCCIÓN. 13

CAPITULO 1
QUÉ ES UNA LEY INFAME
QUÉ ES UNA LEY HABILITANTE 15

CAPITULO 2
TRATAMIENTO DE LA HABILITACIÓN
LEGISLATIVA EN OTRAS LEGISLACIONES . . 28

CAPITULO 3
LA CONSTITUCIÓN VENEZOLANA
DE 1999 INTRODUJO EL CONCEPTO
AMPLIO DE LEY HABILITANTE 43

CAPITULO 4
REQUISITOS DE LA CONSTITUCIÓN DE
1999 PARA APROBAR LEYES HABILITANTES 48

CAPITULO 5
LA AUTORIZACIÓN LEGISLATIVA APROBADA
A HUGO CHÁVEZ. AÑO 1999 CONOCIDA
COMO LA PRIMERA HABILITANTE 56

CAPITULO 6
SEGUNDA LEY HABILITANTE A HUGO
CHÁVEZ AÑO 2000 86

CAPITULO 7
TERCERA LEY HABILITANTE
A HUGO CHÁVEZ, AÑO 2007 110

CAPITULO 8
**CUARTA LEY HABILITANTE
A HUGO CHÁVEZ** 121

CAPITULO 9
**LEYES HABILITANTES APROBADAS
A NICOLÁS MADURO** 134

CAPITULO 10
**SEGUNDA LEY HABILITANTE OTORGADA
A NICOLÁS MADURO
"HABILITANTE ANTI IMPERIALISTA"** 155

CAPITULO 11
¿QUE HACER? 163

CAPITULO 12
CONCLUSIONES GENERALES 166

ANEXOS

ANEXO 1
Las leyes infames 174

ANEXO 2
Declaración Universal de los Derechos
Humanos 178

ANEXO 3
Ley habilitante o de plenos poderes de
Adolfo Hitler, 1933. 186

ANEXO 4
Carta Democrática Interamericana. . . 188

ANEXO 5
Sentencia 1716, Sala Constitucional,
Expediente 2043 196

PRÓLOGO

El Dr. Carlos Ramírez López, me ha conferido el privilegio de presentar su trabajo "Leyes infames en Venezuela". Es un doble honor, porque el Dr. Ramírez López ha tomado como base de su trabajo mi ensayo titulado "Las leyes infames"[1], y porque aplicando mi propuesta sobre el tema ha desarrollado un estudio sobre Venezuela, a partir del que sin duda ha resultado el más importante tipo de ley infame en su país como son las denominadas "Leyes habilitantes", fuente de centenas de decretos leyes también infames.

La ley habilitante en Venezuela es descrita por el autor como *"aquel instrumento normativo de carácter general y extraordinario por el cual el Poder legislativo 'habilita' al Poder Ejecutivo para que legisle, delega sus funciones en el Poder ejecutivo"*. Es una norma por la cual se confiere la concentración del poder legislativo y ejecutivo en un individuo, lo que en términos clásicos es el fundamento de una dictadura, porque hace desaparecer la división e independencia de los órganos del poder público.

El Dr. Ramírez López muestra que las leyes habilitantes están previstas por la Constitución de la República Bolivariana de Venezuela que en su artículo 203 las define de la siguiente manera: *"Son leyes habilitantes las sancionadas por la Asamblea Nacional por las tres quintas partes de sus integrantes, a fin de establecer las directrices, propósitos y marco de las materias que se delegan al Presidente o Presidenta de la República, con rango y valor de ley. Las leyes habilitantes deben*

---

1. Diario las Américas, 11 de noviembre de 2015 (Anexo 1)

fijar el plazo de su ejercicio". Es a partir de esa norma, cuyo análisis trae inevitablemente una profunda crítica por la ruptura de los fundamentos de la democracia, que el autor profundiza un trabajo serio de la historia, de contenido, de los alcances y la aplicación de la leyes habilitantes en Venezuela, para llevarnos al punto de demostrar que efectivamente se trata de *"leyes infames"* porque con las leyes habilitantes en Venezuela se han violado y se violan los derechos humanos.

En Venezuela, como en todos los estados miembros de la Organización de Estados Americanos, la naturaleza y los elementos de la democracia no pueden ser objeto de especulación ni de debate porque están claramente establecidos y pactados en la Carta Democrática Interamericana firmada el 11 de septiembre de 2001 en Lima, Perú. Este instrumento establece que *"Los pueblos de América tienen derecho a la democracia y los gobiernos la obligación de promoverla y defenderla"*, y determina que los *"Elementos esenciales de la democracia"* son entre otros *"el respeto a los derechos humanos y las libertades fundamentales; el acceso al poder y su ejercicio con sujeción al estado de derecho; la celebración de elecciones periódicas, libres, justas y basadas en el sufragio universal y secreto como expresión de la soberanía del pueblo; el régimen plural de partidos y organizaciones políticas; y la separación e independencia de los poderes públicos"*.

El concepto de leyes habilitantes y la aplicación de las mismas casi con carácter permanente en Venezuela, ha representado la ruptura del sistema democrático al hacer desaparecer la división e independencia de los órganos del poder público sometiendo al Legislativo —por vía de una simulación— a la voluntad y acción del Ejecutivo. Esas leyes habilitantes, lejos de proteger los derechos de los ciudadanos, de velar por la vigencia de la libertades fundamentales y de los derechos humanos, han sido la fuente de normas "legales" (decretos leyes) del Ejecutivo para violar sistemáticamente tales libertades y derechos que han generado en Venezuela —entre otras consecuencias— cientos de miles de exiliados y decenas de presos políticos.

Mi planteamiento de la "doctrina de las leyes infames" que constituyen el marco teórico de "Las leyes infames en Venezuela", nació del reconocimiento de la realidad objetiva en los países del denominado "Socialismo del siglo XXI", donde los gobernantes tomaron el control de todos los poderes del Estado para luego manipularlos a su antojo cometiendo abusos y arbitrariedades para ejercer el poder total. Jefes de gobierno como Hugo Chávez, Nicolás Maduro en Venezuela, Rafael Correa en Ecuador, Evo Morales en Bolivia y Daniel Ortega en Nicaragua, reformaron y suplantaron las constituciones de sus países y se hicieron de aplastantes mayorías en los órganos legislativos desde los que " cuasi legalmente" por medio de leyes realizan violaciones institucionalizadas de los derechos humanos.

Una "ley es infame cuando aprobada con todas las formalidades y votos requeridos, en su objeto o contenido viola los derechos humanos o las libertades fundamentales". En todos los países mencionados se han tramitado, aprobado y puesto en vigencia leyes que violan el derecho humano de irretroactividad de la ley, se han dictado leyes que vulneran la presunción de inocencia, que restringen el debido proceso legal, que desconocen la libertad de expresión y de prensa, que violan el derecho al trabajo, que acotan el derecho a la educación, que desconocen la propiedad privada, que en suma, violan el texto completo de la Declaración Universal de Derechos Humanos. Por eso sostengo que las leyes infames "*son leyes en el aspecto formal, pero en el marco del estado de derecho, de la justicia y de la seguridad jurídica, son disposiciones carentes de verdadero sentido de legalidad y sin legitimidad*".

En mi propuesta que busca establecer la "*doctrina de las leyes infames*" sostengo que son leyes violatorias de derechos humanos y libertades fundamentales, que se denominan "leyes infames" porque infame es aquello que "carece de honra, crédito y estimación", es por definición lo "muy malo y vil en su especie". Pero además en el caso de estas normas, aunque hayan cumplido los procedimientos legislativos, no les corresponde siquiera la denominación de leyes porque una ley es un "precepto dictado por autoridad competente, en el que se manda o prohíbe algo en consonancia con la justicia y para el bien de los gobernados". Aún forzando que los legisladores levanta manos y las mayorías del oficialismo dictatorial tuvieran "competencia", las leyes infames no contienen "consonancia con la justicia" y en lugar de buscar el bien de los gobernados están violando sus derechos inalienables. Todo concepto de "la ley" ratifica y refuerza que las "leyes infames" no son leyes, que son "instrumentos de opresión nulos de pleno derecho" y prueba de responsabilidad penal y política contra sus autores y aplicadores y es allí donde apunta en el caso de Venezuela, con gran precisión jurídica el Dr. Ramírez López con su trabajo.

Llevando el concepto de leyes infames al ámbito practico de la realidad de Venezuela, el ilustre abogado Carlos Ramírez López, realiza con gran conocimiento de causa y talento, el caso de las leyes habilitantes, demostrando que se trata de leyes infames y además son el fundamento de disposiciones infames que con rango de decretos ley dictaron y dictan Hugo Chávez y Nicolás Maduro, violando los derechos humanos del pueblo venezolano. El trabajo contiene importantes precedentes históricos —incluyendo el del dictador alemán Adolfo Hitler— y de derecho comparado que enriquecen el planteamiento, que además de mostrar la solvencia jurídica del autor, presentan al lector un verdadero "*iter criminis*" de las acciones seudo legales del gobierno venezolano en contra de su pueblo.

Un aspecto muy importante que el autor demuestra es que las leyes habilitantes fueron la cobertura legal para que el gobernante maneje discrecionalmente los recursos nacionales, realizando todo tipo de acciones económicas como fuente de corrupción que han llevado a la crisis que hoy vive el pueblo venezolano. El detalle de las leyes habilitantes, el uso de cada una de las mismas con indicación de las normas que se dictaron con tal habilitación, incluyendo anexos, muestran la importancia y la utilidad del trabajo del Dr. Ramírez López.

Las conclusiones del autor son contundentes cuando sostiene que las seis leyes habilitantes de Hugo Chávez y Nicolás Maduro violan el derecho de participación consagrado por el articulo 21 de la Declaración Universal de Derechos Humanos, y que esas seis leyes habilitantes dieron origen a 313 decretos leyes que violan los derechos humanos de los venezolanos, dando oportunidad al lector a aplicar su propio conocimiento e incluso su propio caso como víctima. Se trata de un trabajo imprescindible para entender como llegó y se maneja "legalmente" pero por medio de leyes infames la dictadura en Venezuela.

Carlos Sánchez Berzain

INTRODUCCIÓN

LAS LEYES INFAMES EN VENEZUELA "¡EXPRÓPIESE!"

Domingo 7 de Febrero del año 2010, Hugo Chávez rodeado de simpatizantes y de la mano de su hija María Gabriela llega a la plaza Bolívar de Caracas para hacer su programa de televisión de secuencia semanal *"Aló Presidente"*, y en su habitual estilo dicharachero comenta que en una de las casas cercanas que señaló vivió Simón Bolívar y entonces lanzó la pregunta ¿*"Que uso tiene esa casa ahora"*?, rápidamente el entonces Alcalde de Caracas, Jorge Rodríguez le contestó que allí funcionaban varios comercios a lo que Chávez expidió el mandato ¡*"EXPRÓPIESE"*! y seguidamente hizo lo mismo respecto a varios edificios que iba señalando. Al abrir su programa dijo que al dia siguiente firmaría una orden al alcalde para que declarase la utilidad pública de dichos inmuebles para hacer allí un *"gran centro histórico"*. Diez minutos duró aquel espectáculo "expropiatorio" que bastaron para transformar en ruinas lo que por años fueron concurridos lugares para industria y comercio de piezas de joyería, 91 comercios fueron expulsados abruptamente, 600 trabajadores quedaron sin empleo, suciedad y abandono es lo que queda de aquella otrora pujante zona en el corazón de la capital de Venezuela.

Y en episodios similares se llevó al país a la ruina empresarial, más de 2000 ataques a la propiedad privada, empresas, fincas, comercios, fábricas, nada se ha salvado de aquella orgía "socialista" contra la propiedad privada.

Casos tan absurdos como los de la tradicional gran empresa *"Agroisleña"* que por años surtía insumos para el campo y abastecía a unos 30.000 productores, fue convertida en la estatal *"Agropatria"* que no abastece a nadie. La empresa siderúrgica *Sidor*, la telefónica *CANTV*, laboratorios y empresas farmacéuticas como *Farmatodo*, supermercados, y un larguísimo etcétera, nada se ha salvado de ese ataque masivo a la propiedad privada garantizada en la Constitución que ellos mismo hicieron y en cuyos artículos 115 y 116 asentaron garantías al derecho de propiedad, al uso, goce y disfrute de los bienes a sus dueños, estableciendo rigurosos requisitos y procedimientos para su privación "solo por causa de utilidad pública o de interés social mediante sentencia firme y pago oportuno de justa indemnización", prohibiéndose la confiscación.

Aquellos abusos mal llamados "expropiaciones" se trataron de cubrir de legalidad emitiendo instrumentos de apariencia legal como la *Ley de Expropiación por Causa de Utilidad Pública o Social* publicada en gaceta Oficial 37.475 del 01 de Julio del año 2002, el *Decreto ley Contra el Acaparamiento, la Ley de Precios Justos*, que permite a la *Superintendencia para la Defensa de los Derechos Socioeconómicos (sundde)* para tomar posesión temporal de bienes, dependencias, locales, maquinarias, equipos de empresas. Con estos instrumentos de apariencia legal se hizo letra muerta la prohibición a la confiscación que asienta la norma constitucional antes mencionada. Tales instrumentos de apariencia legal, son violatorias de derechos humanos y como tales son leyes infames, y los cuales han llevado al país al más horroroso desastre de ejecución intencional que pueda haberse visto en lugar alguno.

Este es el tema del presente ensayo.

He asumido la iniciativa de escribir sobre este tema motivado por el ensayo y el trabajo que al respecto ha realizado el ilustre abogado y político boliviano Dr. Carlos Sánchez Berzaín, Director del *Inter American Institute For Democracy* de Miami, y quien esbozó fundada crítica a aquellos instrumentos de apariencia legal que se emiten en regímenes con marcados signos de autoritarismo, las define así: *"ley infame es la norma que elaborada y establecida siguiendo el procedimiento formal para su creación, viola en su objeto y contenido los derechos humanos y/o las libertades fundamentales"*.

Cita el Dr. Sánchez Berzaín los casos de Cuba, Venezuela, Ecuador, Bolivia y Nicaragua donde es común esta distorsión de la legalidad democrática.

Para el Dr. Sánchez Berzaín los casos más emblemáticos de esta producción de leyes infames radican en Cuba, Venezuela, Ecuador, Bolivia y Nicaragua donde se oprime y reprime bajo apariencia de legalidad que es el signo distintivo del denominado *Socialismo del Siglo XXI*.

Es la falsa legalidad aplicada a través de cuerpos legislativos controlados y que en realidad no representan el pensar plural de la sociedad sino que son simples soportes para violaciones a los derechos humanos y a las reglas básicas del sistema democrático por lo que las cataloga como *"Leyes Infames"* que por definición implica vileza, carencia de honra, de crédito, de estima.

En efecto, en los años que lleva el programa político denominado *"Socialismo del Siglo XXI"* gobernando a Venezuela se ha acabado con la institucionalidad infiltrándola, infectándola de instrumentos de apariencia legal que en realidad implican normativas divorciadas de toda inspiración democrática y solo concebidas para instaurar y perpetuar en el poder a grupos dictatoriales.

Y es el caso que Venezuela se llegó a convertir en el foco guía de esa política de distorsión de la democracia bajo apariencias de legitimidad gracias a una conjunción de factores como el desgaste de clases políticas que en 50 años de ejercicio del poder se fueron apartando de sus deberes para con la sociedad formando élites privilegiadas que miraban impasibles el empeoramiento de condiciones de vida de grandes porciones de la población, todo lo cual fue creando un caldo de cultivo para el florecimiento de la publicidad engañosa de la mano fuerte militar como solución global, etiqueta muy recurrida por mucho tiempo en nuestra América Latina para desgracia de nuestros pueblos.

Emprendemos pues este trabajo sobre el tema bajo el concepto del amigo Sánchez Berzaín a quien agradecemos la puesta en escena de esta importante reflexión.

CAPITULO 1

QUÉ ES UNA LEY INFAME QUÉ ES UNA LEY HABILITANTE

Como en la parte introductoria dijimos, el Dr. Sánchez Berzaín establece el concepto bajo la categoría de *"Leyes Infames"* aquellas que emitidas cumpliendo con todos los requisitos competenciales y formales su contenido se dirige a la violación de derechos humanos, los cuales aparecieron sistematizados por primera vez en el documento *"Declaración Universal de Derechos Humanos"* el 10 de Diciembre de 1848 de la Asamblea General de las Naciones Unidas y de obligatorio acatamiento por todos los países miembros, entre ellos Venezuela[2]. Estos Derechos están enumerados en 30 artículos con sus respectivos preámbulos siendo el número 21 el del contenido que seguidamente se transcribe:

"Artículo 21. Toda persona tiene derecho a participar en el gobierno de su país, directamente o por medio de representantes libremente escogidos.

1. Toda persona tiene el derecho de acceso, en condiciones de igualdad, a las funciones públicas de su país.

2. La voluntad del pueblo es la base de la autoridad del poder público; esta voluntad se expresará mediante elecciones auténticas que habrán de celebrarse periódicamente, por sufragio universal e igual y por voto secreto u otro procedimiento equivalente que garantice la libertad del voto".

---

[2] "Declaración Universal de Derechos Humanos" el 10 de Diciembre de 1848

Esta cláusula que sobre la participación de la persona humana en la actividad gubernativa de sus respectivos países y que ha sido acogida e incluso superada en la actual Constitución venezolana, ha sido reiterada y consecutivamente violada por los gobiernos de Hugo Chávez y de Nicolás Maduro cuyos gobiernos se han desenvuelto utilizando leyes habilitantes en cuya formación no ha participado el pueblo. Con dichas leyes el Poder Ejecutivo ha emitido una gran cantidad de Decretos Leyes donde la sola voluntad del Presidente de la República es la que interviene obviando el pensamiento plural de la sociedad venezolana y así cerrándole la posibilidad de participación en los asuntos de la cosa pública.

La ley como necesidad organizativa de la sociedad requiere de la intervención de ésta en su formación la cual viene dada en distintos grados, un grado de participación indirecta que es la ejecutada cuando se elige a los legisladores por votación universal, y otro de participación directa en casos como en el de Venezuela cuya Constitución en su artículo 204.7 establece el derecho a la iniciativa popular para la proposición de proyectos de leyes, así como también en su artículo 211 que ordena a la Asamblea Nacional consultar públicamente a la sociedad sobre todo proyecto de ley sometido al proceso de su elaboración. Estas cláusulas constitucionales que empoderan al pueblo en materia legislativa corresponden y desarrollan el antes citado Derecho Humano 21 de la Declaración Universal de Derechos Humanos, de manera que cuando se han emitido estas Leyes habilitantes sin tomar en cuenta la opinión de la plural composición del órgano legislativo, y sin practicar la constitucionalmente obligatoria consulta ciudadana, y luego cuando de dichos instrumentos habilitantes el gobierno ha emitido una gran cantidad de Decretos leyes igualmente sin hacer consultas ciudadanas, emitiéndolos de espaldas al Parlamento y a la sociedad, los ha colocado en la categoría de *"infames"*, y los ha infectado de nulidad.

En beneficio del desarrollo del tema de este ensayo que es el examen del carácter *"infame"* de las leyes habilitantes dictadas por la Asamblea Nacional de Venezuela vamos a hacer abstracción de la infamia mayor representada por el texto constitucional producido por la Constituyente de 1999 que explico en mi libro anterior *"El Fruto del Árbol Envenenado. La Constituyente como excusa para matar al Estado Democrático"*, es decir, vamos aquí a examinar la producción de leyes del parlamento venezolano desde el año 2002 hasta el año 2015 cuando estuvo dominado hegemónicamente por los partidarios de Hugo Chávez.

QUÉ ES UNA LEY HABILITANTE

Como tal denominación lo indica, ley habilitante es aquel instrumento normativo de carácter general y extraordinario por el cual el Poder legislativo "habilita" al Poder Ejecutivo para que legisle, delega sus funciones en el Poder ejecutivo, tal delegación constituye una excepción en la organización de la institucionalidad democrática donde el Estado realiza su cometido a través de distintos órganos que en la tradición republicana son un poder ejecutivo, un poder legislativo y un poder judicial, pero que en Venezuela la Constitución de 1999 agregó otros dos que son el Poder electoral y también el Poder ciudadano conformado éste por el Consejo Moral Republicano el cual a su vez está integrado por la Contraloría General, la Defensoría del Pueblo y el Ministerio Público.

La doctrina democrática define una relación de interdependencia según la cual cada uno de los poderes es independiente en sus funciones pero han de obrar en colaboración entre sí, que es la explicación al porqué el Poder Legislativo puede ceder al Poder Ejecutivo el ejercicio de la actividad de hacer leyes, cesión que de ningún modo puede hacerse de manera total sino sujeta a limitaciones de oportunidad, tiempo y materia.

De acuerdo a lo anterior podemos entonces definir la Ley habilitante como la norma dictada por el Poder Legislativo con resguardo de todos los mecanismos previstos en la Constitución para la elaboración de las leyes, y que tienen el objetivo único de autorizar al Presidente de la República para emitir Decretos con rango, valor y fuerza de ley sobre un asunto específico y dentro de un tiempo determinado. En el último aparte del artículo 203 constitucional se define de la siguiente manera:

"Son leyes habilitantes las sancionadas por la Asamblea Nacional por las tres quintas partes de sus integrantes, a fin de establecer las directrices, propósitos y marco de las materias que se delegan al Presidente o Presidenta de la República, con rango y valor de ley. Las leyes habilitantes deben fijar el plazo de su ejercicio".

La razón de ser de la cesión legislativa *in comento* obviamente ha de ser de naturaleza extraordinaria, por ejemplo una catástrofe natural a la que hay que dedicar recursos y medidas especiales para atenderla de inmediato, una situación bélica que obligue a una respuesta de igual inmediatez. Situaciones así no pueden quedar sujetas al trámite ordinario de una ley, entonces se habilita al Presidente para que intervenga sin tardanza organizando tal intervención mediante Decretos con fuerza de ley.

Estos instrumentos excepcionales deben especificar ese objeto de urgencia y deben determinarlo con precisión al igual que deben establecer el límite temporal de esa especialísima actuación legislativa del Poder ejecutivo, y por supuesto, en resguardo de la finalidad del acto han de practicarse controles cuando menos posteriores a la actuación presidencial.

La norma constitucional antes citada (Artículo 203 último aparte CRBV) que expresamente permite la delegación legislativa es muy escueta y por tanto amplísima, y en el decurso del tiempo viendo como se han desenvuelto las cosas desde aquella Asamblea Constituyente de 1999, hay razones para pensar que la redacción tan difusa de dicho artículo fue hecha a propósito para que abarcara más allá de lo permisible en la constitucionalidad democrática, y de lo cual se deriva la desfiguración de la razón de ser dicha institución de la delegación legislativa ejecutada por los sucesivos gobiernos de Hugo Chávez y de Nicolás Maduro como más adelante trataremos. Y es que la mencionada norma constitucional no condiciona la habilitación a situaciones de emergencias sino que al contrario la instituyó dentro del artículo que define tres tipos de leyes a producirse en un cuadro de normalidad que son: la ley ordinaria, la ley orgánica y la ley habilitante a la cual solo sujeta al tipo de mayoría requerida para su aprobación (tres quintas partes de los integrantes del cuerpo legislativo); que debe contener directrices, propósitos y marco de las materias a delegar, y la obligación de fijarle plazo para su ejercicio. No dice nada sobre emergencias que viene a ser lo que justificaría dicho instrumento.

PRECEDENTES DE LEYES HABILITANTES EN VENEZUELA

La potestad legislativa que es el corazón del sistema democrático está atribuida exclusivamente al parlamento, que en Venezuela se denominaba Congreso Nacional, que estaba compuesto de las Cámaras de Diputados y Cámara del Senado, y luego en virtud de los cambios producidos por el proceso constituyente de 1.999 pasó a ser la unicameral *"Asamblea Nacional"*, pero en ambos casos se trata del Poder Legislativo que dentro de la organización republicana es pieza fundamental dentro del concepto de separación de poderes según el cual cada uno teniendo sus propias y distintas funciones y atribuciones, todas coinciden en el mismo objetivo de cohesión y funcionamiento de la sociedad ejerciéndolas por separado aunque cooperando en el mismo fin.

En el Estado democrático es inconcebible que un poder asuma de ordinario las atribuciones de otro, la excepción la constituye lo que se conoce como la habilitación legislativa que en casos recibe el Poder Ejecutivo, y lo cual se conoce como *"legislación de emergencia"*, pues en realidad es esa su naturaleza.

El proceso de elaboración de las leyes es complejo, lo detalla la Constitución en sus artículos 202 al 218, conlleva un trámite previo de presentación de proyectos, discusión en distintas etapas, modificaciones, aprobación, promulgación y publicación, todo lo cual imposibilita responder con rapidez a situaciones inesperadas como atención especial por eventos naturales, conflictos bélicos u otros de tal envergadura que requieran de atención inmediata, y es allí donde entra en escena la posibilidad de que el poder legislativo delegue en el poder ejecutivo la función de emitir Decretos Leyes que por ser excepcionales y de emergencia han de ser muy limitadas en el tiempo y en el objeto, además de sujetas a controles para impedir abusos y arbitrariedades en su ejecución.

En la Constitución venezolana de 1961 no existía la autorización para que el legislativo delegara sus atribuciones al poder ejecutivo, lo más cercano a eso era la posibilidad de autorizar al presidente para dictar medidas extraordinarias en materia económica o financiera en caso de emergencias previa autorización del Congreso y por ley especial, esto como rémora universal de la segunda guerra mundial ocurrida entre los años 1939 y 1945 que dejó graves situaciones de crisis que llevó a introducir atribuciones a los gobiernos para intervenir con restricciones jurídicas en función de protección a la economía.

Esa autorización para el ejercicio de legislación delegada que la Constitución venezolana de 1961 instituyó solo para el ámbito financiero viene a ser el precedente de la disposición que se incorporó con el artículo 203 de la denominada "*Constitución de la República Bolivariana de Venezuela*" del año 1999 la cual eliminó dicha restricción mediante una redacción excesivamente permisiva que no habla de emergencias, ni de limitaciones de ningún tipo, es decir, permite que el Presidente de la República se constituya, como en efecto ha ocurrido, en un legislador ordinario.

Es de doctrina, de lógica, de costumbre en el mundo democrático que la función legislativa delegada al Poder Ejecutivo sea precedida de tres condiciones: 1. Que el procedimiento sea dificultado para evitar su uso cotidiano. 2. Que la delegación sea para temas de urgencia no posible de ser remediado por una ley ordinaria. 3. Que el producto de esa delegación sea sometido a controles posteriores por el Legislativo. En Venezuela esas condicionantes no existen en la Constitución la cual adoptó una forma que más que una delegación legislativa es una sustitución.

La falta de mecanismos para la delegación legislativa en Venezuela antes de la Constitución de 1999 no se debía a imprevisión del constituyente, sino por el contrario, a los temores heredados del proceder nazi de trasladar al poder ejecutivo las atribuciones del legislativo como ocurrió con la denominada *"Ley de Plenos Poderes"*[3] de Alemania que autorizó a Hitler a emitir leyes sin límite de materias ni de temporalidad y con lo cual vació de contenido a su democrática Constitución de Weimar vigente desde el año 1919 e impuso aquella horrorosa dictadura que tantos males trajo a la humanidad.

Como antes se dijo, la Constitución venezolana de 1961 instituyó un mecanismo de emergencia que justificarían una delegación del Legislativo al Ejecutivo limitado solo al campo de la economía: Artículo 190: *"Son atribuciones y deberes del Presidente de la República:... 8º Dictar medidas extraordinarias en materia económica o financiera cuando así lo requiera el interés público y haya sido autorizado para ello por ley especial"*[4, 5]

En uso de tal atribución se concedieron seis autorizaciones o habilitaciones que fueron las siguientes: Al presidente Rómulo Betancourt en el año 1961, al presidente Carlos Andrés Pérez en el año 1974, al presidente Jaime

3 "Ley de Plenos Poderes", ver Anexo 3.
4. Eloy Lares Martínez. "Manual de Derecho Admiistrativo" UCV. Décima segunda edición p.98)
5 (Allan Brewer Carías "Las Constituciones de Venezuela." Editorial Jurídica Venezolana. 1985. P 93.)

Lusinchi en el año 1984, al presidente Ramón J. Velázquez en el año 1993 y al presidente Rafael Caldera en Abril de 1994 y en Septiembre de 1998. En estas oportunidades se autorizó al Ejecutivo para actuaciones dentro del límite material (la economía) y con expresa determinación temporal, y así fue salvo en el último período regido por aquella Constitución cuando Hugo Chávez irrumpió con su proceso constituyente y en medio del cual ejerció fuertes presiones para que el último congreso de la democracia le aprobara, y finalmente logró su primera habilitación para legislar fuera de ese marco de la economía y para una absurda duración de seis meses y con lo cual se materializó una flagrante violación a la Constitución tanto de parte de aquel Congreso Nacional como del Poder Ejecutivo en manos de Hugo Chávez Frías, situación que continuó con las subsiguientes infames Leyes Habilitantes y con las cuales se dictaron 313 Decretos Ley que sin duda están infectadas de nulidad todo lo cual es la materia de este libro.

CAPITULO 2

TRATAMIENTO DE LA HABILITACIÓN LEGISLATIVA EN OTRAS LEGISLACIONES

ESPAÑA

El artículo 86 de la Constitución Española organiza la habilitación autorizando al gobierno a *"dictar disposiciones legislativas provisionales en casos de extraordinaria y urgente necesidad"* y posteriormente ha de ser debatida en el parlamento

1. En caso de extraordinaria y urgente necesidad, el Gobierno podrá dictar disposiciones legislativas provisionales que tomarán la forma de Decretos-leyes y que no podrán afectar al ordenamiento de las instituciones básicas del Estado, a los derechos, deberes y libertades de los ciudadanos regulados en el Título I, al régimen de las Comunidades Autónomas ni al Derecho electoral general.

2. Los Decretos-leyes deberán ser inmediatamente sometidos a debate y votación de totalidad al Congreso de los Diputados, convocado al efecto si no estuviere reunido, en el plazo de los treinta días siguientes a su promulgación. El Congreso habrá de pronunciarse expresamente dentro de dicho plazo sobre su convalidación o derogación, para lo cual el reglamento establecerá un procedimiento especial y sumario.

3. Durante el plazo establecido en el apartado anterior, las Cortes podrán tramitarlos como proyectos de ley por el procedimiento de urgencia.

ITALIA

Los artículos 77 y 78 de la Constitución italiana condiciona la acción de emergencia a la delegación parlamentaria salvo "casos extraordinarios de necesidad y urgencia" a que el gobierno emita medidas provisionales con fuerza de ley debiendo presentarlas el mismo día a las Cámaras para su conversión.

> *Artículo 77. No podrá el Gobierno, sin delegación de las Cámaras, dictar decretos que tengan fuerza de ley ordinaria.*
>
> *Cuando en casos extraordinarios de necesidad y de urgencia el Gobierno adopte, bajo su responsabilidad, medidas provisionales con fuerza de ley, deberá presentarlas el día mismo para su conversión a las Cámaras, las cuales, incluso hallándose disueltas, serán debidamente convocadas y se reunirán dentro de los cinco días siguientes.*
>
> *Los decretos perderán todo efecto desde el principio si no fueren convertidos en ley dentro de los sesenta días de su publicación. Las Cámaras podrán, sin embargo, regular mediante ley las relaciones jurídicas surgidas en virtud de los decretos que no hayan resultado convertidos."*
>
> *Artículo 78. Las Cámaras acordarán el estado de guerra y conferirán al Gobierno los poderes necesarios.*

FRANCIA

La Constitución francesa es más celosa aún con la delegación legislativa, el Gobierno debe pedir autorización al Parlamento para emitir actos de su competencia, con expresos límites de tiempo.

Artículo 38. El gobierno podrá, para la ejecución de su programa, solicitar autorización del Parlamento con el objeto de aprobar, por ordenanza, durante un plazo limitado, medidas normalmente pertenecientes al ámbito de la ley.

Las ordenanzas se aprobarán en el Consejo de Ministros previo dictamen del Consejo de Estado. Entrarán en vigor en el momento de su publicación, pero caducarán si el proyecto de ley de ratificación no se presenta ante el Parlamento antes de la fecha fijada por la ley de habilitación. Solo podrá ratificarse de manera expresa.

Al expirar el plazo a que se refiere el primer apartado del presente artículo, las ordenanzas ya no podrán ser modificadas sino por ley en materias pertenecientes al ámbito de la ley.

COLOMBIA

La Constitución colombiana regula este tema en el numeral 10 de su artículo 150 y allí se exige precisa delimitación de la delegación tal y como lo explican múltiples sentencias constitucionales en el sentido de que:

"La exigencia de precisión y claridad en el otorgamiento de las facultades, ha sido objeto de amplios análisis y al respecto existe una abundancia jurisprudencia constitucional, a través de la cual se han sentado algunas reglas que se señalan a continuación, de tal modo que conceptos de precisión y amplitud no son excluyentes entre sí en el sentido de que la exigencia de precisión y claridad en la concesión de atribuciones indican la necesidad de que se precise la materia de la delegación, más no así el grado de amplitud de la habilitante".

Artículo 150. Corresponde al Congreso hacer las leyes. Por medio de ellas ejerce las siguientes funciones:

10. Revestir, hasta por seis meses, al Presidente de la República de precisas facultades extraordinarias, para expedir normas con fuerza de ley cuando la necesidad lo exija o la conveniencia pública lo aconseje. Tales facultades deberán ser solicitadas expresamente por el Gobierno y su aprobación requerirá la mayoría absoluta de los miembros de una y otra Cámara.

El Congreso podrá en todo tiempo y por iniciativa propia, modificar los decretos leyes dictados por el gobierno en uso de las facultades extraordinarias.

Estas facultades no se podrán conferir para expedir códigos, leyes estatutarias, orgánicas, ni las previstas en el numeral 20 del presente artículo, ni para decretar impuestos.

ARGENTINA

En la República argentina hay expresa prohibición constitucional tanto al Parlamento como al Ejecutivo, salvando el caso de extrema emergencia pública.

Artículo 76. Se prohíbe la delegación legislativa en el Poder Ejecutivo, salvo en materias determinadas de administración o de emergencia pública, con plazo fijado para su ejercicio y dentro de las bases de la delegación que el Congreso establezca.

La caducidad resultante del transcurso del plazo previsto en el párrafo anterior no importará revisión de las relaciones jurídicas nacidas al amparo de las normas dictadas en consecuencia de la delegación legislativa.

Artículo 99 El Presidente de la Nación tiene las siguientes atribuciones:

1. Es el jefe supremo de la Nación, jefe del gobierno y responsable político de la administración general del país.

2. Expide las instrucciones y reglamentos que sean necesarios para la ejecución de las leyes de la Nación, cuidando de no alterar su espíritu con excepciones reglamentarias.

3. Participa de la formación de las leyes con arreglo a la Constitución, las promulga y hace publicar.

El Poder Ejecutivo no podrá en ningún caso bajo pena de nulidad absoluta e insanable, emitir disposiciones de carácter legislativo.

Solamente cuando circunstancias excepcionales hicieran imposible seguir los trámites ordinarios previstos por esta Constitución para la sanción de las leyes, y no se trate de normas que regulen materia penal, tributaria, electoral o de régimen de los partidos políticos, podrá dictar decretos por razones de necesidad y urgencia, los que serán decididos en acuerdo general de ministros que deberán refrendarlos, conjuntamente con el jefe de gabinete de ministros.

El jefe de gabinete de ministros personalmente y dentro de los diez días someterá la medida a consideración de la Comisión Bicameral Permanente, cuya composición deberá respetar la proporción de las representaciones políticas de cada Cámara. Esta comisión elevará su despacho en un plazo de diez días al plenario de cada Cámara para su expreso tratamiento, el que de inmediato considerarán las Cámaras. Una ley especial sancionada con la mayoría absoluta de la totalidad de los miembros de cada Cámara regulará el trámite y los alcances de la intervención del Congreso.

CHILE

En el constitucionalismo chileno es tradición la delegación legislativa, actualmente está expresamente consagrada de manera minuciosa.

> *Artículo 61. El Presidente de la República podrá solicitar autorización al Congreso Nacional para dictar disposiciones con fuerza de ley durante un plazo no superior a un año sobre materias que correspondan al dominio de la ley.*
>
> *Esta autorización no podrá extenderse a la nacionalidad, la ciudadanía, las elecciones ni al plebiscito, como tampoco a materias comprendidas en las garantías constitucionales o que deban ser objeto de leyes orgánicas constitucionales o de quórum calificado.*
>
> *La autorización no podrá comprender facultades que afecten a la organización, atribuciones y régimen de los funcionarios del Poder Judicial, del Congreso Nacional, del Tribunal Constitucional ni de la Contraloría General de la República.*
>
> *La ley que otorgue la referida autorización señalará las materias precisas sobre las que recaerá la delegación y podrá establecer o determinar las limitaciones, restricciones y formalidades que se estimen convenientes.*
>
> *A la Contraloría General de la República corresponderá tomar razón de estos decretos con fuerza de ley, debiendo rechazarlos cuando ellos excedan o contravengan la autorización referida.*
>
> *Los decretos con fuerza de ley estarán sometidos en cuanto a su publicación, vigencia y efectos, a las mismas normas que rigen para la ley.*

Artículo 82

Son atribuciones del Tribunal Constitucional… 3º) Resolver las cuestiones que se susciten sobre la constitucionalidad de un decreto con fuerza de ley

Artículo 83

Contra las resoluciones del Tribunal Constitucional no procederá recurso alguno, sin perjuicio de que puede el mismo Tribunal, conforme a la ley, rectificar los errores de hecho en que hubiere incurrido.

Las disposiciones que el Tribunal declare inconstitucionales no podrán convertirse en ley en el proyecto o decreto con fuerza de ley de que se trate. En los casos de los números 5º y 12º del artículo 82, el decreto supremo impugnado quedará sin efecto de pleno derecho, con el solo mérito de la sentencia del Tribunal que acoja el reclamo.

Artículo 88

En el ejercicio de la función de control de legalidad, el Contralor General tomará razón de los decretos y resoluciones que, en conformidad a la ley, deben tramitarse por la Contraloría o representará la ilegalidad de que puedan adolecer; pero deberá darles curso cuando, a pesar de su representación, el Presidente de la República insista con la firma de todos sus Ministros, caso en el cual deberá enviar copia de los respectivos decretos a la Cámara de Diputados. En ningún caso dará curso a los decretos de gastos que excedan el límite señalado en la Constitución y remitirá copia íntegra de los antecedentes a la misma Cámara. Corresponderá, asimismo, al Contralor General de la República tomar razón de los decretos con fuerza de ley, debiendo representarlos cuando ellos excedan o contravengan la ley delegatoria o sean contrarios a la Constitución.

Si la representación tuviere lugar con respecto a un decreto con fuerza de ley, a un decreto promulgatorio de una ley o de una reforma constitucional por apartarse del texto aprobado, o a un decreto o resolución por ser contrario a la Constitución, el Presidente de la República no tendrá la facultad de insistir, y en caso de no conformarse con la representación de la Contraloría deberá remitir los antecedentes al Tribunal Constitucional dentro del plazo de diez días, a fin de que éste resuelva la controversia. En lo demás, la organización, el funcionamiento y las atribuciones de la Contraloría General de la República serán materia de una ley orgánica constitucional.

ECUADOR

En la Constitución ecuatoriana solo se prevé la urgencia económica como causa para la intervención legislativa del Presidente a quien se autoriza enviar a la Asamblea Nacional proyectos así calificados por él (o ella), y en caso que el parlamento omita pronunciarse, el Presidente puede promulgarlos como decreto ley el cual siempre podrá ser modificado o derogado por la Asamblea.

Artículo 140. La Presidenta o Presidente de la República podrá enviar a la Asamblea Nacional proyectos de ley calificados de urgencia en materia económica. La Asamblea deberá aprobarlos, modificarlos o negarlos dentro de un plazo máximo de treinta días a partir de su recepción.

El trámite para la presentación, discusión y aprobación de estos proyectos será el ordinario, excepto en cuanto a los plazos anteriormente establecidos. Mientras se discuta un proyecto calificado de urgente, la Presidenta o Presidente de la República no podrá enviar otro, salvo que se haya decretado el estado de excepción.

Cuando en el plazo señalado la Asamblea no apruebe, modifique o niegue el proyecto calificado de urgente en materia económica, la Presidenta o Presidente de la República lo promulgará como decreto-ley y ordenará su publicación en el Registro Oficial. La Asamblea Nacional podrá en cualquier tiempo modificarla o derogarla, con sujeción al trámite ordinario previsto en la Constitución.

PERÚ

En la Constitución peruana se autoriza al Congreso a delegar función legislativa en el presidente de la República en materias específicas en los términos específicos que establezca se establezcan en la ley respectiva, pero igualmente se autoriza al Presidente para que emita Decretos ley en materia económica y financiera de urgencia condicionados al parecer posterior del Congreso que mantiene la atribución de modificarlos o de derogarlos.

Artículo 104°.- El Congreso puede delegar en el Poder Ejecutivo la facultad de legislar, mediante decretos legislativos, sobre la materia específica y por el plazo determinado establecidos en la ley autoritativa. No pueden delegarse las materias que son indelegables a la Comisión Permanente. Los decretos legislativos están sometidos, en cuanto a su promulgación, publicación, vigencia y efectos, a las mismas normas que rigen para la ley. El Presidente de la República da cuenta al Congreso o a la Comisión Permanente de cada decreto legislativo.

Artículo 118. Corresponde al Presidente de la República:
8 Ejercer la potestad de reglamentar las leyes sin transgredirlas ni desnaturalizarlas; y, dentro de tales límites, dictar decretos y resoluciones

19 Dictar medidas extraordinarias, mediante decretos de urgencia con fuerza de ley, en materia económica y financiera, cuando así lo requiere el interés nacional y con cargo de dar cuenta al Congreso. El Congreso puede modificar o derogar los referidos decretos de urgencia.

BOLIVIA

La Constitución boliviana no concibió un sistema de delegación legislativa, y el gobierno de Evo Morales ha apelado a un concepto de *"Ley corta"* dada por el Legislativo que usó en el año 2010 para nombrar jueces en el Tribunal Constitucional y en el Tribunal Supremo de Justicia; en el mismo año emitió el Decreto Ley de Autonomías auto atribuyéndose facultades para encarcelar a funcionarios de elección popular tomando como justificación denuncias sin procesar de fiscales. Estos procedimientos se han hecho ya práctica común en ese gobierno para usurpar funciones legislativas mediante Decretos ley, y ante las quejas sobre inconstitucionalidad ha dicho así:

Cuando me dicen que lo que quiero hacer es algo ilegal, yo le meto nomás. Después que los abogados lo arreglen, que para eso han estudiado.

Bibliografía: "Las máscaras del fascismo: Castro, Chávez y Morales" Juan Claudio Lechín W. Editorial Plural 2011.

BRASIL

Medidas Provisorias
En la Constitución de la República Federal de Brasil existe la autoridad presidencial para emitir Medidas Provisorias que son el equivalente a Decretos leyes. En este caso se

permite emitirla en casos de relevancia y urgencia sujetas a control posterior del Legislativo con la particularidad de que el instrumento mantiene eficacia mientras dura el examen en ambas Cámaras del Congreso. Dictada la medida debe llevarse para su análisis al legislativo de inmediato, y allí se dispone que en 60 días ha de emitirse el respectivo pronunciamiento, lapso prorrogable en igual medida. Si las Cámaras aprueban la medida ésta se convierte en ley formal, por el contrario, de no ser aprobada queda fuera del marco jurídico aunque las medidas que se lleguen a tomar bajo su amparo mantendrán validez. Estas medidas provisorias están prohibidas constitucionalmente en materias de derecho penal, procesal penal, procesal civil; en la organización del Poder Judicial y el Ministerio Público; derechos políticos, partidos políticos, ley electoral; medidas cautelares sobre bienes.

Artículo 49. Es de competencia exclusiva del Congreso Nacional:

V. suspender los actos normativos del Poder Ejecutivo que excedan del poder reglamentario o de los límites de la delegación legislativa

Artículo 62. En caso de relevancia y urgencia, el Presidente de la República podrá adoptar medidas provisionales, con fuerza de ley, debiendo someterlas de inmediato al congreso Nacional, el cual estando en vacaciones será convocado extraordinariamente para reunirse en el plazo de cinco días

Párrafo único. *Las medidas provisionales perderán eficacia desde la adopción si no fueran convertidas en ley en el plazo de treinta días, a partir de su publicación, debiendo el Congreso Nacional regular las relaciones derivadas de ellas.*

Artículo 68. Las leyes delegadas serán elaboradas por el Presidente de la República que deberá solicitar la delegación al Congreso Nacional.

1°. No serán objeto de delegación los actos de competencia exclusiva del Congreso Nacional, los de Competencia de la Cámara de los Diputados o del Senado Federal, la materia reservada a la ley complementaria ni la legislación sobre:

-Organización del Poder Judicial y del Ministerio Público, la carrera y las garantías de sus miembros;

-Nacionalidad, ciudadanía, derechos individuales, políticos y electorales;

-Planes plurianuales, directrices presupuestarías y presupuestos.

2°. La delegación al Presidente de la República tendrá la forma de resolución del Congreso Nacional, que especificará su contenido y los términos de su ejercicio.

3°. Si la resolución determinase la apreciación del proyecto por el Congreso Nacional, este la hará en votación única, estando prohibida cualquier enmienda.

MÉXICO

En la Constitución mexicana además de atribuirle facultades al presidente para reglamentar la ley, se permite la delegación legislativa en específicos temas: En estados de urgencia, respecto a Tratados Internacionales y regulaciones económicas, todas estas signadas por estados de urgencia.

Artículo 29. En los casos de invasión, perturbación grave de la paz pública, o de cualquier otro que ponga a la sociedad en grave peligro o conflicto, solamente el presidente de los Estados Unidos mexicanos, con la aprobación del Congreso de la

Unión o de la Comisión Permanente cuando aquel no estuviere reunido, podrá restringir o suspender en todo el país o en lugar determinado el ejercicio de los derechos y las garantías que fuesen obstáculo para hacer frente, rápida y fácilmente a la situación; pero deberá hacerlo por un tiempo limitado, por medio de prevenciones generales y sin que la restricción o suspensión se contraiga a determinada persona si la restricción o suspensión tuviese lugar hallándose el congreso reunido, este concederá las autorizaciones que estime necesarias para que el Ejecutivo haga frente a la situación; pero si se verificase en tiempo de receso, se convocará de inmediato al Congreso para que las acuerde.

Artículo 131

Es facultad privativa de la Federación gravar las mercancías que se importen o exporten, o que pasen de tránsito por el territorio nacional, así como reglamentar en todo tiempo y aún prohibir, por motivos de seguridad o de policía, la circulación en el interior de la República de toda clase de efectos, cualquiera que sea su procedencia; pero sin que la misma Federación pueda establecer, ni dictar, en el Distrito Federal, los impuestos y leyes que expresan las fracciones del VI y VII del artículo 117. El Ejecutivo podrá ser facultado por el Congreso de la Unión para aumentar, disminuir o suprimir las cuotas de las tarifas de exportación e importación expedidas por el propio Congreso, y para crear otras; así como para restringir y para prohibir las importaciones, las exportaciones y el tránsito de productos, artículos y efectos, cuando lo estime urgente, a fin de regular el comercio exterior, la economía del país, la estabilidad de la producción nacional o de realizar cualquier otro propósito en beneficio del país. El propio ejecutivo, al enviar al Congreso el presupuesto fiscal de cada año someterá a su aprobación el uso que hubiese hecho de la facultad concedida.

COSTA RICA

La Constitución Costarricense confiere al Presidente de la República derecho a veto en las leyes aprobadas por el Legislativo y tiene también atribuciones para sancionar, y promulgar las leyes, reglamentarlas y ejecutarlas. Este derecho de veto conlleva a que el Presidente puede plantear observaciones a la ley y la devuelve con las anotaciones del caso, el legislativo puede acogerlas y devolver para su promulgación, pero, también puede superar el veto con votación aprobatoria de la mayoría calificada de dos tercios ante lo cual el Presidente debe promulgarla obligatoriamente. Si las objeciones presidenciales son de orden constitucional deberá remitirlas a la Sala Constitucional para que emita su dictamen que será definitivo.

Todas las previsiones constitucionales antes señaladas constituyen el ejercicio del sistema de pesos y contrapesos establecidos para la mejor eficacia del estado, pero en realidad no hay un sistema de delegación legislativa más allá de autorizar al Ejecutivo para declarar estado de defensa nacional y concertar la paz.

NICARAGUA

La Constitución Nicaragüense no contempla la habilitación legislativa al Presidente para legislar, solo la de emitir Decretos de suspensión de garantías y remitirlo a la Asamblea Nacional para su consideración, también tiene la atribución de reglamentar las leyes

VENEZUELA

Como antes quedó dicho, la Constitución venezolana de 1.961 previó que el Presidente de la República pudiera dictar ciertas medidas en casos extraordinarios, tal previsión aparece contenida en su artículo 190 que a continuación se transcribe:

> *Artículo 190. Son atribuciones y deberes del Presidente de la República:" "...*
> *8: Dictar medidas extraordinarias en materia económica o financiera cuando así lo requiera el interés público y haya sido autorizado para ello por la ley especial.*

Es de observar que aquella Constitución (la de 1961) no contenía autorización alguna al Legislativo para delegar sus funciones, no obstante invocando el antes citado ordinal 8° del artículo 190 constitucional el Congreso de la República autorizó a Hugo Chávez a dictar un conjunto de medidas en disímiles materias excediéndose de la atribución constitucional que solo le permitía referirse a materias económicas o financieras.

Como puede verse, aquella *"autorización"* del Congreso de la República no podía ser para legislar, sino para dictar medidas mediante actos distintos a la forma de ley, y solamente circunscritos a materias económicas o financieras, pero Hugo Chávez forzó al Congreso a que le dieran aquella autorización para legislar por Decreto como en efecto se le dio y con gran exceso y con lo cual dictó un alud de Decretos a los que falsamente enunció como actos con rango, valor y fuerza de ley, todos los cuales señalaremos más adelante.

CAPITULO 3

LA CONSTITUCIÓN VENEZOLANA DE 1999 INTRODUJO EL CONCEPTO AMPLIO DE LEY HABILITANTE

Con la búsqueda de un desarrollo del constitucionalismo democrático subsiguiente a la caída de Hitler, en la misma Alemania, en Italia y en España se extendió la idea de la actuación interrelacionada de los poderes colaborando entre si a la consecución de los fines del Estado y de la sociedad, abriéndose campo la idea de permitir actividad legislativa al Poder Ejecutivo en ciertos casos de necesidad atacadas por urgencias, pero persistió en la necesidad de que el parlamento sometiera a requisitos muy especiales el delegar al poder ejecutivo sus atribuciones legislativas, restringiendo tal posibilidad a estrictas limitaciones de oportunidad y de requisitos.

En Venezuela se introdujo con mucha amplitud el concepto habilitante en la *"Constitución Bolivariana"*, de 1999, donde se insertó una disposición que autoriza al poder legislativo para ceder sus funciones al poder ejecutivo mediante instrumentos denominados *"Leyes Habilitantes"*, se trata del artículo 203 cuyo texto es el siguiente:

> *Son leyes habilitantes las sancionadas por la Asamblea Nacional por las tres quintas partes de sus integrantes, a fin de establecer las directrices, propósitos y marco de las materias que se delegan al Presidente o Presidenta de la República con rango y valor de ley. Las leyes habilitantes deben fijar plazo para su ejercicio.*

Y complementariamente, en esa Constitución se estableció como una de las atribuciones del presidente "dictar, previa autorización por una ley habilitante, decretos con fuerza de ley." (Artículo 236, numeral 8).

He sostenido que la mencionada *"Constitución Bolivariana"* está fuera del marco de legitimidad institucional al haber sido producida con violación a la que le antecedió, pero a los fines del desarrollo de las ideas que aquí abordamos vamos a hacer el ejercicio teórico de su legitimidad.

La *Constitución Bolivariana* fue escrita con gran permisividad para la delegación legislativa. Ya sabemos que había intención de instaurar un sistema autoritario de gobierno, y esto le era fundamental, fue esa la verdadera intencionalidad y el origen de la norma antes citada la cual <u>ni siquiera fue mencionada en la exposición de motivos</u>, es decir, no se expresan los propósitos que privó en el constituyente para instaurar dicha norma, la única por cierto en la que se hizo tal ocultamiento, además de que se elaboró con una laxitud tal que no se le colocó la característica de la emergencia, ni se le condiciona al caso de una extraordinaria y urgente necesidad, que sería la única explicación plausible, tampoco se diseñaron controles parlamentarios previos ni posteriores a la actividad legislativa delegada al jefe del Poder Ejecutivo, quedando solo la posibilidad de recurrir judicialmente al respecto después de publicados y vigentes sus Decretos Ley.

La única justificación lógica para que el parlamento ceda al Presidente la función de hacer leyes es evitar su proceso complejo y lento cuando alguna circunstancia especial necesite como cosa de vida o muerte que se acelere la puesta en funcionamiento de algún instrumento legal, pero, el partido político fundado por Hugo Chávez, en uso y abuso de la fraudulenta mayoría que había mantenido en la Asamblea Nacional tomó como práctica habitual emitir esas *"leyes habilitantes"* para ceder las funciones legislativas al gobernante de turno sin atenerse al sentido de emergencia de tal mecanismo, y además relajando grandemente el principio de especialidad que le es supuesto.

En el año 1.999 el Congreso Nacional emitió una *autorización* a Hugo Chávez para que legislara, no se trató de una habilitación o delegación de la potestad legislativa que es lo que el texto constitucional permitía, sino —se repite— una "autorización" que fue entendida como si se tratara de una habilitación, cosa que se hizo bajo la invocación del ordinal 8° del artículo 190 constitucional, y así emitió 53 Decretos Ley, y luego, entre los años 2.000 y 2.013 le aprobaron a Hugo Chávez otras tres Leyes Habilitantes (2000, 2007 y 2010) con las cuales emitió 215 instrumentos legales, y en lo que va de gobierno de Nicolás Maduro se le han aprobado dos leyes habilitantes.

Todo ese entramado de leyes dictados por Chávez y por Nicolás Maduro bajo la cobertura de leyes habilitantes, en primer lugar muestran un gran desorden, se emiten decretos leyes que al poco tiempo sufren modificaciones por otros decretos leyes, se reforman leyes orgánicas sin hacer las consulta que la Constitución manda hacer a la Sala Constitucional, una y otra vez se cambian textos ya publicados en Gaceta Oficial usando el pretexto de error de imprenta.

El proceso de elaboración de las leyes que se diseñó en la Constitución es de naturaleza compleja en el cual pueden intervenir las distintas visiones que pueda tener el pueblo a través de la representación plural del órgano

Legislativo. Además, en el artículo 207 constitucional y siguientes se establece todo un proceso según el cual cada proyecto de ley debe recibir dos discusiones en el pleno de la Cámara, en el primero de ellos se oyen las observaciones sobre el articulado y al aprobarse se debe formar una Comisión para el estudio del texto actividad que debe concluir con un informe que ha de discutirse en una segunda sesión para considerar el articulado uno a uno,

> ...*si se aprueba sin modificaciones quedará sancionada la ley, si sufre modificaciones, se devolverá a la Comisión para que esta las incluya; leída la nueva versión del proyecto de ley en la plenaria de la Asamblea Nacional, ésta decidirá por mayoría de votos lo que fuere procedente respecto a los artículos en que hubiese discrepancia y a los que tuvieren conexión con éstos. Resuelta la discrepancia la presidencia declarará sancionada la ley."* (Art 209. CRBV)

Y, además del procedimiento antes citado, en el artículo 211 la Constitución ordena consultar *"a los otros órganos del Estado, a los ciudadanos y ciudadanas y a la sociedad organizada para oír su opinión sobre los mismos..."*

Todo ese mecanismo tiene el sentido de dar a la ley un carácter democrático el cual desaparece cuando se emite un Decreto Ley donde se elimina la pluralidad y solo priva la visión del jefe del Poder Ejecutivo. **En consecuencia, las leyes habilitantes suprimen distintivos esenciales al régimen democrático.**

El uso cotidiano del poder habilitante que se ha dado a los presidente Hugo Chávez y Nicolás Maduro resulta no solo abiertamente inconstitucional, sino además violatorio de la Carta Democrática. Se ha anulado el poder de control parlamentario y esto conlleva violación a principios básicos de la democracia representativa garantizados en la Carta Democrática Interamericana cuando estatuye la participación de la ciudadanía en los regímenes constitucionales de los Estados Miembros de la OEA (artículo 2) así como el derecho del pueblo a participar en las decisiones relativas a su propio desarrollo (artículo 6).

Un Poder ejecutivo que sustituye en sus funciones al Poder Legislativo como ha ocurrido en los gobiernos de Chávez y de Maduro, además de que deja de ser democrático, y de que viola la Carta Democrática, infecta de nulidad toda esa ilegítima producción de Decretos ley; esto se potencia con la práctica oficialista del absurdo de autorizar al Presidente de la República para que en uso de la delegación legislativa emita Decretos ley con carácter orgánico, esto a pesar de que constitucionalmente la emisión de Leyes Orgánicas requieren de una mayoría calificada de dos terceras partes de los parlamentarios presentes al inicio de la sesión correspondiente

Pero contra toda razón, el oficialismo ha concedido a Hugo Chávez y a Nicolás Maduro seis leyes habilitantes y con estas se han dictado decenas de Decretos ley que han calificados de Orgánicos, y la partidizada Sala Constitucional del Tribunal Supremo de Justicia ha permitido tal abuso al disponer en sentencia que la habilitación <u>no tiene límites materiales</u>, que el presidente habilitado puede dictar leyes ordinarias y también orgánicas, así como modificar las ya existentes y aprobadas por el legislativo con anterioridad.[6]

---

6. Sentencia de la Sala Constitucional 1716 de fecha 18/09/2001. Expediente 01-2043 (Anexo 4)

La exigencia constitucional para que el parlamento emita leyes orgánicas es superior a la que se exige para aprobar una Ley Habilitante, esto implica que la Habilitante no conlleve el poder de producir leyes orgánicas.

En conclusión es falso que en Venezuela el presidente pueda dictar o reformar válidamente Leyes Orgánicas por delegación legislativa, y todas las que así se han emitido bajo esta normalidad están infectadas de nulidad.

PAPEL DEL "ÓRGANO LEGISLATIVO EN VENEZUELA AÑOS 2002 AL 2015

Hugo Chávez, recién iniciado en el ejercicio de la Presidencia de la República, pidió al Congreso Nacional una primera Ley Habilitante, y en medio de un tormentoso proceso de presiones la obtuvo con la finalidad declarada de *"atender la emergencia general del país"* tal y como más adelante comentaremos. Luego fue eliminado aquel Congreso y sustituido por la Asamblea Nacional la cual estuvo dominada por el oficialismo desde el 2002 hasta el 2015 y en ese tiempo redujeron al mínimo la función legislativa pues dieron al Poder Ejecutivo cinco leyes habilitantes de una increíble amplitud que prácticamente les dejó sin trabajo.

A continuación se determina la cantidad de leyes aprobadas por la Asamblea Nacional bajo la égida del oficialismo:

Año 2001: 32 leyes; año 2002: 38 leyes; año 2003: 12 leyes; año 2004: 18 leyes; año 2005: 49 leyes; año 2006: 46 leyes; año 2007: 19 leyes; año 2008: 16 leyes; año 2009: 49 leyes; año 2010: 56 leyes; año 2011: 16 leyes; año 2012: 15 leyes; y, año 2013: 9 leyes.

Total leyes sancionadas: 375.

El 70% (262) de esas leyes sancionadas por la Asamblea Nacional entre el año 2002 y el 2015 son aprobatorias de acuerdos internacionales suscritos por el Presidente; leyes de endeudamiento complementario y de presupuesto fiscal, el resto, 113 leyes fue el trabajo realizado por aquella Asamblea Nacional en esos trece años, un pírrico promedio de 9 leyes por año.

En cambio, en ese mismo lapso de tiempo, entre Hugo Chávez y Nicolás Maduro dictaron 313 Decretos leyes para un promedio de 24 por año, casi el triple que el parlamento.

La conclusión de la anomalía antes descrita es que en Venezuela el Poder Legislativo, al igual que todos los demás, en la práctica fue anulado, el Estado ha funcionado en manos de un solo Poder: el Ejecutivo, pues desde la Asamblea Nacional Constituyente éste se adueñó del Poder Judicial al cual intervinieron el 19 de Agosto de 1999 mediante un *"Decreto de Reorganización"* con el que arrebataron a la Corte Suprema de Justicia el gobierno y la administración de dicho Poder y se la asignaron a una *"Comisión de Emergencia Judicial"* nombrada arbitrariamente por ellos mismos y la cual suspendió, destituyó y cambió a los casi dos mil jueces e Inspectores de Tribunales del país, y luego el 22 de Diciembre de 1999 eliminaron a la Corte Suprema de Justicia y la sustituyeron por un Tribunal Supremo diseñado en la nueva Constitución que aún entonces no había entrado en vigencia, pasando de inmediato a designar a los magistrados de dicho nuevo tribunal.

También por Decreto de dicha Constituyente intervinieron al Poder Electoral y nombraron a sus Rectores, lo mismo hicieron con el Poder Ciudadano nombrando arbitrariamente al Fiscal, Contralor y al Defensor del Pueblo.

La primera intervención al Poder Legislativo la hicieron a través de la Constituyente desde el 25 de Agosto de 1999 mediante el acto que denominaron "*Decreto mediante el cual se regulan las funciones del Poder Legislativo*" con lo cual se le prohibió sesionar y ejercer actividad alguna las cuales se reservó ejercer la Asamblea Constituyente llegando al final a nombrar arbitrariamente una "*Comisión Legislativa Nacional*" que asumió las funciones legislativas, pero, antes de eso, en el mes de Febrero de 1.999 Hugo Chávez ya en funciones presidenciales pidió al último Congreso Nacional que se le delegaran funciones legislativas mediante un Ley Habilitante que más adelante detallaremos.

CAPITULO 4

REQUISITOS DE LA CONSTITUCIÓN DE 1999 PARA APROBAR LEYES HABILITANTES

Como antes se dijo el artículo 203 de la Constitución de 1999 permite la emisión de habilitantes sujetas a los siguientes requisitos:

1. Aprobación de mayoría calificada de tres quintas partes de los diputados.
2. Establecimiento de directrices, propósitos y marco de las materias.
3. Plazo para su ejercicio.

La práctica de delegar las funciones legislativas que se ha venido haciendo desde 1999 para acá demuestra que ha privado la idea de que tal actuación no conlleva más límites que los expresamente establecidos en la norma, pero no es así. En primer lugar, aunque la norma no lo indique expresamente, lógicamente la aprobación de una ley habilitante requiere que exista una situación de emergencia que lo justifique pues no es comprensible que el Legislativo ceda sus funciones al Ejecutivo para que este legisle de ordinario, es decir para que le sustituya en su finalidad principal.

Al lado de los límites expresos antes señalados, las leyes habilitantes también están sujetas al respeto de las normas que en Derecho Constitucional se denominan *"Cláusulas pétreas"* representadas en un conjunto de normas regulatorias de los valores supremos como son la vida, la libertad, el debido proceso, y condiciones existenciales de la organización social como son el sistema democrático, la división de poderes y su sistema de controles, la alternabilidad, y otros. Esas normas son regulables por ley ordinaria, pero tienen un núcleo duro que es intocable para el legislador ordinario, y con mayor razón para el legislador excepcional que en el caso que estamos tratando es el Presidente ejerciendo funciones legislativas al que ni siquiera se le han determinado expresamente tales limites.

En la Constitución están enumeradas y regladas las distintas formas de ejercer la actividad legislativa: La iniciativa de presentar proyectos de leyes; discusión del proyecto en dos etapas; el mecanismo de control de las comisiones legislativas; la discusión en el pleno del parlamento; la sanción, promulgación y publicación. Ese procedimiento constitucional deja de ejecutarse cuando es el presidente quien dicta un Decreto ley, todo se reduce a la voluntad unilateral del mandatario, es decir, se trata de un mecanismo extraordinario de supresión de ese trámite complejo en el que están involucrados sustanciales signos democráticos, lo cual implica que la delegación legislativa no motivada a tan especialísima causa resulta abiertamente contraria al sistema democrático, a la Constitución en particular y al sistema democratico en general.

En el ejercicio comparativo entre la tabla de requisitos naturales y expresos para la habilitación para emitir Decretos ley, y las leyes habilitantes emitidas en Venezuela a favor de Hugo Chávez y Nicolás Maduro observamos una total disparidad, así por ejemplo, ninguna de las referidas autorizaciones para legislar ha cumplido con el requisito de directrices definidas respecto a propósitos y marco material, y solo una de ellas, la de 2.010 tuvo la invocación de una causa extraordinaria como lo fue una temporada de intensas lluvias que dejaron una gran cantidad de personas damnificadas, pero el presidente terminó dictando 54 Decretos leyes de distinta naturaleza que excedieron en mucho tal justificación.

Es decir, el parlamento ha venido cediendo sus atribuciones legislativas al jefe del poder ejecutivo sin causa necesaria infectando así de nulidad todo el cúmulo de los mal llamados *Decretos Ley* emitidos por Hugo Chávez y por Nicolás Maduro, los cuales sin duda podemos calificar como *"Leyes Infames"*.

Además del tema de la inexistencia de justificación, tenemos la falta de cumplimiento del requisito constitucional de **establecimiento expreso de directrices, propósitos y marco** de las materias sobre las que el presidente podrá emitir Decretos con rango y valor de ley del que han adolecido las leyes habilitantes hasta ahora emitidas, y así puede constatarse con solo mirar los propósitos declarados en ellas, que son de naturaleza tan disímiles, tan vagos e indeterminados, que no pueden justificar la necesaria especialidad, ni marco alguno de directrices y propósitos constitucionalmente requeridos.

Lo que ha quedado claro es que los gobiernos de Hugo Chávez y de Nicolás Maduro no se han ceñido a las motivaciones constitucionales en este uso cotidiano del mecanismo habilitante de atender emergencias puntuales, sino que el propósito ha sido el de relegar el componente parlamentario democrático para sustituirlo por una hegemonía autocrática del Presidente.

El sistema político instaurado en el poder por Hugo Chávez logró tomar mediante el asalto constituyente al poder judicial a partir de un Tribunal Supremo de Justicia que pusieron en funcionamiento antes de que entrara en vigencia la Constitución que la creaba y de inmediato nombraron a dedo a los magistrados, dictatorialmente, sin ningún tipo de procedimiento, y esos magistrados, pagando el favor, en el año 2001 (como antes se citó) dictaron sentencia en Sala Constitucional sobre la constitucionalidad del carácter Orgánico del Decreto Ley con fuerza de Ley Orgánica de los espacios acuáticos e insulares, en el cual entre otros pronunciamientos se declara que la Asamblea Nacional puede habilitar al Presidente para legislar sin que las leyes que dicte tengan que pasar por el control previo de constitucionalidad de la Sala y además se sentenció que el Presidente no está sometido a limites sobre las materias a legislar, que puede hacerlo respecto a leyes ordinarias y también a leyes orgánicas, sentencia cuyo verdadero propósito no fue el declarado sobre el fondo del tema —los espacios acuáticos e insulares— sino justificar en lo sucesivo los excesos del Poder Ejecutivo en la producción de instrumentos legales de carácter general.

De esa manera, mediante la actuación de un tribunal constitucionalmente inexistente como era aquella Sala Constitucional, formada por personas designadas sin procedimiento legal alguno, autorizaron a Hugo Chávez para que legislara por decreto sin límites de ninguna naturaleza, autorización de la que también hizo uso Nicolás Maduro.

JUSTIFICACION DEL OFICIALISMO A LAS HABILITACIONES LEGISLATIVAS

El oficialismo ha promocionado así las leyes habilitantes:
Beneficios de la Ley habilitante:

- Disminuye los tiempo de aprobación de leyes
- Simplifica trámites administrativos
- Agiliza todas las medidas necesarias para dar respuesta a las emergencias
- Crea procedimientos administrativos extraordinarios
- Dará respuesta oportuna y eficaz a los afectados en materias prioritarias en el país como: Seguridad, Infraestructura, Área Económica y Financiera, Legitimación de Capitales.
-

Esa justificación en la propaganda callejera del oficialismo lo que contiene es el mensaje de que la actividad legislativa parlamentaria es perniciosa y dañina para la sociedad, lo cual deja ver que el verdadero propósito es la supresión del poder legislativo.

CAPITULO 5

LA AUTORIZACIÓN LEGISLATIVA APROBADA A HUGO CHÁVEZ. AÑO 1999 CONOCIDA COMO LA PRIMERA HABILITANTE

Hugo Chávez, al tomar posesión del cargo de Presidente de la República y mediante su discurso ante el Congreso el 2 de Febrero de 1.999, en presencia de todas las autoridades nacidas de la vigencia de la Carta Magna de 1.961, calificando a ésta de *"moribunda"* llamó a la realización de un proceso constituyente originario a la que esas mismas autoridades le habían sentenciado de inconstitucionalidad, y de una vez se adelantó a ese mismo proceso anunciando que pediría al Congreso una ley habilitante para legislar él mismo sobre una gran variedad de materias que su solo criterio calificó de urgentes. Es decir, sin Constitución ni ley nació dicha primera habilitante.

Esta fue la parte del largo discurso donde anunció Chávez aquella arbitrariedad:

> "...**Dentro de varias horas, mi gobierno introducirá aquí en el Congreso la solicitud de una Ley Habilitante**, *una Ley Habilitante para enfrentar en el corto plazo, porque el pueblo no puede esperar la Constituyente y esa es una verdad absoluta, la Constituyente no es una panacea, nunca la planteamos así. Tiene un objetivo fundamental como es la transformación de las bases del estado y la creación de una nueva República, la refundación de la República, la relegitimación de la democracia. Ese es el objetivo fundamental de la Asamblea Constituyente. Es político, es macro-*

políticos pero no es económico ni es social en lo inmediato y el gobierno que yo hoy comenzaré a dirigir y he comenzado ya, tiene que enfrentar una situación heredada, terrible, un déficit de casi 9 puntos del Producto Interno. Solamente para el gasto de Caja, solamente para el pago para que no se apague la luz y la gente no se vaya, hacen falta para el primer trimestre del año, casi Bs. 800.000 millones, solamente para eso, solamente para el pago, para no irnos de aquí, pues.

Además de eso, tenemos un desempleo (las cifras oficiales hablan del 11-12%, pero hay otras cifras por allí que apuntan al 20%) Un subempleo rondando el 50% de la fuerza económicamente activa, casi un millón de niños en estado de sobrevivencia, casi un millón de niños, niños como mi hija Rosa Inés, de un año y cuatro meses, en estado de sobrevivencia. Veintisiete, casi veintiocho por mil nacidos vivos es la mortalidad infantil de Venezuela, de las más altas de todo el Continente. La incidencia de la mortalidad infantil o la incidencia de la desnutrición en la mortalidad infantil está llegando al 15% de niños que mueren y la causa de su muerte: desnutrición. No podemos esperar Constituyente para eso.

La vivienda, hay un millón y medio casi de déficit de viviendas en toda Venezuela. Más del 50% de los niños y esto es lo más salvaje, porque no tengo otra palabra, ustedes me perdonan, ¡salvaje!. Así llama el Papa Juan Pablo II Su Santidad al neoliberalismo y yo lo llamo así también, permítame Su Majestad llamarlo así, es salvaje saber que en un país como el nuestro, más de la mitad de los niños en edad preescolar no están yendo al preescolar; es salvaje saber que sólo uno de cada 5 niños que entran a la escuela preescolar, sólo uno de cada cinco termina la escuela básica, eso es salvaje porque ese es el futuro del país.

Un viejo proverbio chino dice: «si estás pensando en el corto plazo, anda a pescar; si estás pensando en el mediano plazo, siembra un árbol y si estás pensando en el largo plazo, educa un niño». Nosotros no podemos permitir que ese salvajismo siga ocurriendo aquí en nuestras narices, ¡por Dios! 45% de los jóvenes adolescentes, no están en la escuela secundaria, andan sobreviviendo por allí y muchos de ellos, claro, a la delincuencia para sobrevivir, porque el hombre no es malo por naturaleza, nosotros somos hijos de Dios, no somos hijos del diablo. Esa situación yo la estoy recibiendo aquí, aquí la tengo en mis manos y es la acumulación de todas esas crisis a la que me he referido hace varios minutos atrás.

Me decía un grupo de amigos hace unas noches atrás, que es como que a uno le entreguen en sus manos una bomba de tiempo: tic tac, tic tac, tic tac, y uno se ofrece a desarmarla, a desmontarla, hay un gran riesgo que la bomba te estalle en la cara, la bomba social venezolana está latiendo, compatriotas, por eso creo que el Congreso en vez de estar debatiendo lo que ya está debatido hace meses atrás, ese debate ya pasó, en vez de estar debatiendo ahora cómo hacer un referéndum, no, acepten la verdad, el pueblo venezolano en un 60% casi de los que fueron a votar, eligió al presidente Hugo Chávez para que él cumpla lo que dijo: convoque a un referéndum para la Constituyente, esa es la verdad, acéptenlo señores, no duden eso, esa es una verdad como el sol que está allá arriba. **Mi sugerencia al Congreso, dedíquense a estudiar la posibilidad de darle al gobierno que hoy comienza, una Ley Habilitante**, *dirigida especialmente a la materia económica, porque en lo económico es urgente solucionar el déficit que ustedes lo saben y para ello nosotros necesitamos una profunda reforma fiscal, que ya se ha anunciado en algunos escenarios de manera fragmentaria, la Ministra de Hacienda*

Maritza Izaguirre ha estado explicando de alguna manera a los venezolanos las medidas que en ese orden fiscal estamos ya preparando, la reducción del impuesto al consumo suntuario y ventas al mayor, por ejemplo, que es de los más altos en el continente, pero su transformación en un impuesto al Valor Agregado y la ampliación de la base de recaudación es algo urgente; según nuestros cálculos, ahí pudiéramos recabar o incrementar la recaudación casi en un punto del Producto Interno Bruto, para ir haciendo manejable ese inmenso hueco fiscal que estamos heredando.

Por otra parte, es necesario que hagamos reformas — así lo creemos necesario — al Impuesto sobre la Renta para adelantar los pagos de las personas jurídicas y no esperar hasta el fin de año, sino que se vayan cancelando los pagos a medida que vayan pasando los meses. Igualmente, tenemos listo el esquema para volver a aplicar de manera temporal el Impuesto al Débito Bancario, con ellos según nuestros cálculos, podemos recabar un 1,5 aproximadamente por ciento del Producto Interno Bruto para reducir el déficit fiscal en este primer año de gobierno, al menos a la mitad.

Pero por otra parte, hemos ido por el mundo y hemos conseguido, así lo he dicho, comprensión y esperamos seguirla consiguiendo. Desde su Majestad el Rey Juan Carlos de Borbón hasta el Primer Ministro Canadiense, desde el Presidente del Gobierno Español Don José María Aznar hasta el Presidente de los Estados Unidos Bill Clinton, el Presidente o Director Ejecutivo del Fondo Monetario Internacional, el señor Camdessus, pasando por el Director del Banco Mundial y del Banco Interamericano de Desarrollo, del Club de París, con todos ellos hemos estado hablando en estos últimos cuarenta días; nosotros no hemos descansado y ustedes lo saben, buscando, viajando, hablando, tratando de conven-

cer, primero: que yo no soy el diablo, porque por la campaña salvaje que me hicieron mucha gente por allá en esas tierras frías llegaron a pensar que de verdad Hugo Chávez casi que el diablo era. Y segundo, explicando nuestra verdad.

La deuda externa nosotros queremos pagarla, sencillamente no podemos pagarla según la manera como se ha diseñado y como yo estoy recibiendo, con un perfil de deuda que se lleva una tajada grandísima del Presupuesto Nacional, más del 30%, que es la acumulación de intereses y capital. Así que tenemos la esperanza firme y así lo digo al mundo, y vamos a seguir trabajando con mucha intensidad ahora mucho más que antes, para lograr en el más corto plazo posible un refinanciamiento de nuestra deuda externa, de forma tal que podamos este mismo año 99, reducir al menos en dos puntos, 1.5 ó 2 puntos el peso terrible de la deuda sobre el golpeado presupuesto venezolano.

Para ello, algunos de estos puntos que he mencionado, medidas en el orden económico del corto plazo, en el orden interno, nosotros creemos que es necesario que el Congreso discuta y decida acerca de una Ley Habilitante como ha ocurrido en ocasiones anteriores. Igual es urgente para nosotros, y esa es la otra dirección estratégica para transformar el modelo económico en el corto, en el mediano y en el largo plazo, es necesario —porque de esto se ha hablado mucho en Venezuela, pero no se ha hecho casi nada— diversificar la economía, impulsar el aparato productivo. Para ello, también en estos viajes que hicimos a Sur América, a Norteamérica, a Europa y al Caribe, hemos llamando a los inversionistas del mundo entero. Nosotros somos gente seria, el gobierno que yo empiezo a dirigir hoy es un gobierno serio que respetará los acuerdos que se firmen y las inversiones internacionales que vengan aquí de cualquier parte del mundo, especialmen-

te dirigidas al sector productivo, que genere empleo, valor agregado a la producción, tecnología propia para impulsar el desarrollo del país. No podemos seguir dependiendo únicamente de esa variable exógena que es el precio del barril de petróleo, que se vino abajo como todos sabemos, y todas las perspectivas indican que va a seguir allí entre 8 y 9, si acaso tocando algún día el 10 durante a lo mejor, no un año, sino dos o tres años.

Acostumbrémonos a eso, porque eso también nos obliga. Al respecto, los equipos de transición y los equipos del proyecto de gobierno y de desarrollo que hemos venido formando hace varios años, pues hemos decidido impulsar y arrancar con inversión privada. Y también le hacemos un llamado a los inversionistas nacionales con los que hemos tenido fecundas, amplias y diversas conversaciones aclarando, explicando, preguntándoles también; recibiendo sus opiniones a la inversión privada nacional...."

LO QUE OCURRIÓ EN EL CONGRESO NACIONAL ANTE AQUELLA SOLICITUD DE HABILITANTE

Como puede verse, en aquel discurso de Hugo Chávez tomando posesión del cargo y llamando a Constituyente, anunció una petición amplísima de ley habilitante. A la vista del mundo Hugo Chávez estaba anunciando que exigiría al Congreso que violara la Constitución, violación que exigía en función de que se le otorgaran poderes no previstos en la Carta Fundamental para que pudiera tomar medidas como *atacar el desempleo, la falta de viviendas, la mortalidad infantil, la modificación de las tasas impositivas, el pago de la deuda, diversificar la economía*, todo lo cual podría ser materia de leyes ordinarias del Congreso, y si bien es cierto que Venezuela estaba en medio de una crisis económica y política, nada en aquella arenga justificaba una emergencia que obligara a saltarse los trámites asignados para aprobar las leyes, pero así lo planteó y mediante presiones indebidas y amenazas de todo tipo logró que le aprobaran aquella habilitación legislativa que definió como objetivo la *"Organización de la administración pública nacional, financiera, tributaria y económica sectorial"*, la cual resultó así en una ignominiosa *"Ley Infame"*

En la Sesión del 29 de Marzo de 1999 el Congreso de la República aprobó la mencionada primera Ley Habilitante a Hugo Chávez, pero con modificaciones por las cuales le puso tímidos límites en algunas materias, otras no se las aprobó y otras las incluyó por propia voluntad del parlamento, hecho lo cual la remitió a Chávez para su promulgación, pero este no aceptó los cambios al proyecto y furioso devolvió la Ley al Congreso para su reconsideración el cual entonces sometió de nuevo el asunto a las distintas Comisiones y además citó para interpelar a los ministros de las dependencias involucradas en la ejecución del proyecto habilitante lo cual hizo rabiar al Presidente quien públicamente prohibió a los funcionarios acatar la citación, también amenazó con la disolución definitiva del parlamento a través de la Asamblea Nacional Constituyente y declarar un Estado de Emergencia Nacional para ejecutar los actos que el Congreso le negaba de su proyecto de Ley Habilitante. Las presiones al Congreso Nacional se dieron en todas las formas, violentas manifestaciones en las calles, turbas frente al Congreso, amenazas a través de los medios, hasta que finalmente dicha ley le fue aprobada.

Es historia viva lo que entonces se dijo en aquellos turbulentos días, y allí están los discursos de los Diputados y los Senadores que vistos a distancia nos permiten un mejor análisis de lo que en verdad implicaba la solicitud de ley habilitante cubierta bajo excusas de desarrollo, de mejoras en el aparato del Estado, de bienestar, pero que en realidad perseguía acaparar las funciones propias del Poder Legislativo.

En sucesivas sesiones se debatió en el Parlamento y allí quedó testimonio de las diferentes posiciones que entonces asumieron los partidos y personalidades. Indagando en las interioridades de aquel proceso de adulteración democrática que marcó pauta en procedimientos subsiguientes, accedimos a las Actas de Sesiones de aquel ultimo debate demócratico en el Congreso Nacional, y de allí tomamos algunas de las más importantes intervenciones que se sucedieron.

Sesiones: 22, 27, 28 de Abril de 1999:
Repetimos: El 2 de Febrero de 1999 Chávez pidió al Congreso la Ley Habilitante, el 29 de Marzo del mismo año le aprobaron y remitieron la ley pero con modificaciones, inmediatamente la devolvió arreciando las presiones e insistiendo en los puntos que el Congreso no había aceptado, por lo que el legislativo envió el material a la Comisión Bicameral de Finanzas para un nuevo examen, el cual se realizó y sus resultados fueron presentados en un informe final que fue analizado y votado en una sesión permanente y conjunta que seguidamente se detalla.
En la Sesión Conjunta del Congreso Nacional del 22 de Abril [7] y siguientes de 1999 se debatió el informe de la

---
7. Sesión del Congreso Nacional 22 de Abril 1999

Comisión Bicameral de Finanzas sobre las observaciones que Hugo Chávez hizo al texto original que él había presentado. Las Cámaras de Diputados y de senadores se declararon en sesión permanente y conjunta para conocer del informe de dicha Comisión. El Congreso se avocó al análisis de las objeciones y para ello acordó interpelar a los ministros de Hacienda, Cordiplan, Defensa, Secretaría de la Presidencia, Energía y Minas, Industria y Comercio, Trabajo y Familia, al Procurador General, al Presidente del Banco Central y al Superintendente Nacional Tributario, cuyos Despachos estaban involucrados en las materias que se estaban afectando con la autorización solicitada por el Presidente. También el Congreso pidió a Chávez que designara a los ministros que él dispusiera para tratar los temas en disputa y convenir un acuerdo. En abierto desacato al Congreso, ninguno de los Ministros citados compareció.

Las observaciones que hizo el Presidente Chávez cuando devolvió la ley se fundaron entre otros argumentos a que no se le permitía reducir el tamaño de la burocracia ni reducir el gasto público corriente. Después de mucho debate las Comisiones Parlamentarias aprobaron gran parte de las modificaciones pedidas por lo que el Senador Edgar Flores Pérez (Copei) y Diputado Omar Barboza (AD) presentaron a las Cámaras su informe recogiendo las modificaciones acordadas.

TEXTO FINAL DE LA PRIMERA LEY HABILITANTE ENTONCES APROBADA A HUGO CHAVEZ

Ley Orgánica que Autoriza al Presidente de la República para dictar Medidas Extraordinarias en Materia

Económica y Financiera Requeridas por el Interés Público

Artículo 1 Se autoriza al Presidente de la República para que, en Consejo de Ministros, de conformidad con el ordinal 8° del artículo 190 de la Constitución de la República, decrete, dentro del lapso de seis (6) meses, contados a partir de la publicación de esta ley, las siguientes medidas:

1.- En el Ámbito de la Organización de la Administración Pública Nacional:

a) Reformar la Ley Orgánica de la Administración Central para redefinir el número y competencias de los ministerios y demás organismos de la Administración Central y su organización interna, a los fines de lograr economías en los gastos y una mejor eficiencia en sus respectivas funciones.

b) Suprimir, fusionar, modificar, liquidar o reformar Entes Descentralizados, entre ellos las Corporaciones de Desarrollo Regional, Institutos Autónomos, Empresas del Estado, Asociaciones y Fundaciones, y en definitiva cualquier estructura pública descentralizada funcionalmente que se encuentre adscrita, asignada o integrada al. Poder Ejecutivo Nacional, con el objeto de lograr la reducción de los gastos, establecer un mejor sistema de control de gestión y coordinación de dichos entes, así como adecuar su asignación o integración a los Ministerios que se determinen según su afinidad sectorial.

c) Establecer las normas que regulen los Servicios Autónomos sin personalidad jurídica de la Administración Central, así como reformar las normas existentes sobre la materia, con el objeto de suprimirlos, fusionarlos o modificarlos, excluyendo al Fondo Intergubernamental para la Descentralización (FIDES), a los fines de lograr la reducción de los gastos, permitir un mejor control y coordinación sobre su gestión, y adecuar su asignación o integración a los Ministerios que se determinen según su afinidad sectorial.

d) *Dictar normas relativas a la función pública que reformen la ley de Carrera Administrativa, la Ley del Estatuto del Régimen de Jubilaciones y Pensiones de los Funcionarios o Empleados de la Administración Pública Nacional, de los Estados y de los Municipios, y cualquier otra que tenga relación con el empleo público, dejando a salvo los regímenes especiales, a fin de racionalizar los gastos funcionales de la Administración Pública, y lograr así una mayor eficiencia en la actividad administrativa.*

e) *Dictar normas para la simplificación de las tramitaciones administrativas con el objeto de lograr mayor celeridad y funcionalidad en las mismas, a fin de reducir los gastos operativos de la Administración, obtener ahorros presupuestarios y cubrir insuficiencias de carácter fiscal.*

2.- En el Ámbito Financiero:

Reformar y establecer normas sobre el control de los aportes públicos a las instituciones de carácter privado o público de cualquier naturaleza, con el objeto e lograr economías en los gastos, garantizar el destino de los recursos a los fines propuestos y la evaluación de la gestión y de los resultados.

Autorizar al Ejecutivo Nacional para que celebre operaciones de crédito público hasta por un monto de Tres Mil Ochocientos Millones de Dólares (US$ 3.800.000.000,00), a objeto de cumplir con la Gestión Financiera del Ejercicio Fiscal 1999, manteniendo el Congreso de la República y el Banco Central de Venezuela las atribuciones de control establecidas en la ley Orgánica de Crédito Público.

Modificar la Ley Orgánica de Régimen Presupuestario, en el artículo 22, que establece la fecha en la cual el Ejecutivo Nacional debe presentar ante el Congreso de la República el Proyecto de Ley de Presupuesto, con la limitación de que debe ser presentado antes del 2 de octubre y en el último año del período constitucional antes del 15 de mayo. Modificar el artículo 44 de la ley Orgánica de Régimen Presupuestario, sólo a los efectos de incorporar como organismos ordenadores de pago a las Oficinas Centrales de la Presidencia de la República.

Reformar la Ley de Regulación de la Emergencia Financiera con la finalidad de proporcionar mayor seguridad jurídica, incrementar la capacidad de actuación de los órganos competentes en la materia, incorporar la experiencia adquirida en la aplicación de la ley vigente y permitir atender y concluir los procesos pendientes, así como establecer normas para atender la deuda del Fondo de Garantía de Depósitos y Protección Bancada (FOGADE) con el Banco Central de Venezuela, sin que en ningún caso se generen directamente obligaciones al Fisco Nacional. La reforma de la Ley de Regulación de Emergencia Financiera debe establecer expresamente que su vigencia es temporal, hasta tanto se modifique la Ley General de Bancos y Otras instituciones Financieras.

Reformar la Ley Orgánica de Aduanas, en su artículo 156, que ordena dictar un reglamento único de la referida ley, visto lo rígido que resulta el abordar materias de gran complejidad y diversa naturaleza en un documento único.

3.- En el Ámbito Tributario:

Se autoriza al Presidente de la República para dictar las siguientes medidas:

a) Establecer un Impuesto a los Débitos Bancarios de cuentas mantenidas en Instituciones Financieras, cuya vi-

gencia será de hasta un (1) año, contado a partir de la promulgación del correspondiente Decreto-Ley; con una alícuota de hasta 0,5% por retiros de fondos efectuados en cuentas corrientes, de ahorro, fondos de activos líquidos o en cualquier otra clase de depósitos a la vista, fondos fiduciarios y en otros fondos del mercado financiero, y cualquier otra operación que implique retiros, realizados en los bancos o instituciones financieras regidas por leyes especiales.

Estarán gravados los débitos de retiros en cuentas de cualquier tipo, realizados por los entes regidos por leyes especiales y destinados a cancelar gastos de transformación, incluido el pago de intereses por tasas pasivas y los gastos de inversión que no estén directamente vinculados con la actividad de intermediación financiera, tales como la adquisición de inmuebles, mobiliarios, equipos y servicios de los cuales sean beneficiarios.

Las exenciones al pago de este impuesto serán determinadas por el Presidente de la República en el respectivo Decreto-Ley.

b) Establecer un Impuesto al Valor Agregado y derogar el Impuesto al Consumo Suntuario y a las Ventas al Mayor mediante el sistema de débitos y créditos, con las características esenciales de impuesto plurifásico no acumulativo de base amplia, que abarque todo el circuito económico desde la importación hasta el consumo final, que anualmente se fije en la ley de Presupuesto del año respectivo la alícuota impositiva entre un límite mínimo de 8% y uno máximo de un 16,5%. El Decreto ley fijará la alícuota impositiva hasta el 31 de diciembre de 1999, establecerá la coexistencia entre los impuestos específicos a la producción y venta de especies, cuyas leyes de creación continúen vigentes con el Impuesto al Valor Agregado a ser establecido en esta ley, para lo cual deben seguirse las orientaciones de la ley de Impuesto al Valor Agregado de 1993 y de la ley de Impuesto al Consumo Suntuario y a las Ventas al Mayor.

Este Decreto Ley deberá establecerse que se destine al Fondo Intergubernamental para la Descentralización (FIDES), una cantidad equivalente entre un quince por ciento (15%) y un veinte por ciento (20%) del ingreso estimado por concepto del nuevo impuesto que sustituya al Impuesto al Consumo Suntuario y a las Ventas al Mayor.

En relación con la forma de facturación, el Decreto ley establecerá como obligación que el impuesto causado por operaciones realizadas entre contribuyentes ordinarios entre si y entre éstos y los consumidores finales, se discrimine el impuesto del precio convenido para las ventas de bienes y prestaciones de servicios, así como la emisión y entrega de la factura a los consumidores finales. Igualmente, la administración tributario podrá autorizar para que en el precio de venta al público de determinados bienes se establezca la mención "Impuesto o IVA incluido".

Para las ventas de bienes y servicios que originen el pago de impuesto se deberá establecer una alícuota única, salvo lo relativo a las ventas por exportaciones de bienes y servicios, las cuales estarán sometidas a una alícuota cero (0), que involucra la devolución del impuesto a los exportadores. En consecuencia, no se impondrá impuesto o sobrepasa adicional a los productos suntuarios.

En el Decreto-Ley correspondiente se establecerá un beneficio que operará de pleno derecho, para el caso de las importaciones y adquisiciones de bienes de capital en el país y contratos de construcción, así como los servicios relacionados con la instalación y puesta en funcionamiento de tales bienes de capital y construcciones, efectuados por contribuyentes que se encuentren en la etapa preoperativa de proyectos industriales, que consistirán en la suspensión, hasta el período tributario en el que la empresa comience a generar débitos fiscales, de la utilización de los débitos y créditos fiscales generados por dichas importaciones o adquisiciones. Los débitos y créditos fiscales que se produzcan serán ajustados a partir del período tributario en que se produzcan, hasta aquel en que culmine la etapa preoperativa. Los contribuyentes podrán obtener la recuperación de tales créditos fiscales conforme al procedimiento previsto para las exportaciones o emplear los mismos para la compensación con cualesquiera otros repuestos nacionales o la cesión a terceros para los mismos fines.

Las exenciones y las no sujeciones al pago de este impuesto y cualquier otro beneficio serán determinadas por el Presidente de la República en el respectivo Decreto-Ley.

c) Reformar la ley de Impuesto Sobre la Renta a los fines de la ampliación del régimen de territorialidad previsto hasta la presente fecha para establecer un sistema basado en la noción de renta mundial, evitando la doble o múltiple imposición y, en consecuencia, favorecer el flujo internacional de capitales, mediante la incorporación de mecanismos que pudieran configurarse para tales fines, con los denominados sistemas de imputación o créditos tributados, los cuales deberán ajustarse a los principios generales y universalmente aceptados en la tributación internacional y reflejados en los convenios suscritos por Venezuela, para evitar la doble imposición.

En el Decreto ley correspondiente, se modificará el sistema de ajuste por inflación aplicable a las personas jurídicas, el cual debe ser integral y en estricta simetría entre los derechos del fisco nacional y el de los sujetos pasivos, en virtud de lo cual deberá reconocer la posibilidad del traspaso al período tributario subsiguiente de las pérdidas resultantes. Igualmente, se establecerá la posibilidad de que los contribuyentes que, estando obligado a efectuar el ajuste inicial por inflación en 1993 no lo hubiesen realizado en su oportunidad, podrán hacerlo cumpliendo los mismos deberes formales establecidos en la Ley de 1991. Se mantendrá el sistema vigente para las personas naturales en la Ley de Impuesto Sobre la Renta.

Deberá establecerse un incentivo a las Personas Jurídicas que creen nuevos puestos de trabajo y desarrollen programas de capacitación y entrenamiento de personal técnico, obrero y gerencial, así mismo se establecerá una rebaja del diez por ciento (10%) por nuevas inversiones a los titulares de enriquecimientos derivados de actividades industriales, tales como: turismo, construcción, electricidad y telecomunicaciones y, en general, todas aquellas actividades que bajo la mención de industriales representen inversión para satisfacer los requerimientos de avanzada tecnología o de punta. Los referidos beneficios o incentivos fiscales serán otorgados de manera general a todas aquellas personas jurídicas constituidas a partir de la entrada en vigencia de la presente Ley o que vengan realizando actividades económicas gozando de las rebajas por nuevas inversiones.

Se fijarán normas que impidan el abuso de las formas jurídicas corporativas, de multiempresas o figuras similares que constituyan maniobras aparentemente legales para evadir cargas tributarias, pudiendo la administración fiscal prescindir de tales formas jurídicas para evitar evasión.

En el Decreto-Ley, deberá establecerse la exclusión del régimen previsto en el artículo 9° de la vigente Ley de Impuesto Sobra la Renta de las empresas que realicen actividades de exploración y explotación del gas libre, de procesamiento o refinación, transporte, distribución, almacenamiento, comercialización y exportación del gas y sus componentes, las cuales tributarán bajo el régimen ordinario establecido en la ley para las compañías anónimas y los contribuyentes asimilados a ésta.

Todo lo relativo a exenciones y desgravámenes será determinado por el Presidente de la República en el respectivo Decreto-Ley, pudiendo establecer la tribulación de los dividendos como ingreso bruto global y la subgravabilidad de los mismos.

d) Reformar la ley de Impuesto Sobre Sucesiones, Donaciones y demás Ramos Conexos, a fin de armonizarla con las disposiciones del Código Orgánico Tributario, en lo relativo a la conversión a unidades tributarios en los montos establecidos en el referido Código Orgánico.

e) *Modificar la ley de Timbre Fiscal, a los efectos de armonizarla con lo dispuesto en el primer aparte del artículo 229 del Código Orgánico Tributario, en lo atinente a la conversión en unidades tributarias o fracciones de las mismas, en los montos en ella establecidos. En ningún caso podrá efectuarse modificación o creación de otros tipos impositivos o tributos.*

f) *Modificar parcialmente las Leyes de Turismo, Registro Público y Arancel Judicial a los fines de conciliadas con las disposiciones de la ley de Impuesto Sobre la Renta y en lo relativo a la conversión de unidades tributarias en los montos establecidos en el Código Orgánico Tributado.*

4.- En el Ámbito Económico Sectorial:

a) *Reformar la Ley Orgánica de Seguridad Social Integral, así como las leyes de los Subsistamos de Salud, Pensiones y de Vivienda y Paro Forzoso, con el propósito de incluir mecanismos idóneos de protección a los diferentes sectores sociales, garantizar la vigilancia y supervisión por parte del Estado de los diferentes fondos y tomar en consideración la incidencia económica-financiera.*

b) *Dictar normas para crear un Fondo Único Social, que permita una mejor regulación y financiamiento de los programas sociales para la alimentación y nutrición; el impulso de la economía popular competitiva, con énfasis especial en la promoción y desarrollo de las microempresas y las cooperativas como forma de participación popular en la actividad económica y en la capacitación para el trabajo de jóvenes y adultos.*

Los programas sociales financiados a través del Fondo Único, serán instrumentados por el Ejecutivo Nacional con la participación activa de las gobernaciones, alcal-

des, iglesias, organizaciones no gubernamentales y entes públicos nacionales a los efectos de su ejecución, con el objeto de garantizar la descentralización de los recursos.

c) *Dictar normas para crear el Sistema Nacional de Garantías Recíprocas para la Pequeña y Mediana Industria, con el propósito de mejorar la capacidad de negociación de las Sociedades de Garantías Recíprocas, fomentar el desarrollo de dichas Sociedades Regionales, regular la constitución de Sociedades Reafianzadoras y establecer el marco regulatorio y de supervisión de las mencionadas sociedades.*

d) *Dictar normas que regulen los entes financieros del Sector Público relacionados con el desarrollo industrial y la promoción de exportaciones, con excepción del Centro Nacional de Cinematografía (CNAC) y el Fondo Nacional de Investigaciones Agropecuarias (FONAIAP), con el propósito de reestructurar los esquemas de financiamiento para el desarrollo industrial y promoción de exportaciones con vista a su unificación propósito de reestructurar los esquemas de financiamiento para el desarrollo industrial y promoción de exportaciones, con vista a su unificación para potenciar la estructura financiera destinada a una mejor ejecución de la política sectorial de asistencia crediticio a la industria.*

e) *Dictar normas para establecer medidas de salvaguardia comerciales, con el propósito de fijar los requisitos y procedimientos, así como para definir los mecanismos de designación de las autoridades nacionales competentes para la administración de estas medidas; a fin de cumplir con lo establecido en los diferentes Acuerdos Comerciales Internacionales, suscritos en materia de protección de los productores nacionales de manera temporal, en cuanto* al daño actual o eventual que puedan sufrir por el incremento significativo de las importaciones.

f) Dictar normas para promover la protección y promoción de inversiones nacionales y extranjeras con el propósito de establecer un marco legal para las inversiones y dado mayor seguridad jurídica a las mismas.

g) Reformar la ley de Licitaciones con el propósito de establecer mecanismos de transparencia, eficiencia y para garantizar las condiciones de competencias en las compras del sector público.

h) Reformar el Decreto-Ley sobre Concesiones de Obras Públicas y Servicios Públicos Nacionales, para estimular las inversiones privadas en aquellas obras de infraestructura nuevas o por concluirse y obras ya concluidas que no hayan sido dadas en concesión y servicios donde el país requiera de grandes inversiones, así como la posibilidad de establecer asociaciones estratégicas entra los sectores público y privado a estos mismos fines, tomando en cuenta la legislación en materia de descentralización y transferencia de competencia.

i) Dictar las medidas necesarias para el aprovechamiento del gas, desde su exploración y explotación hasta su industrialización en el país y ordenar y modernizar la legislación sobre la materia, con base en los siguientes términos:

i.1. Aprovechamiento intensivo y eficiente del gas, tanto para ser utilizado como combustible, mediante la implementación del servicio de gas en las ciudades o actividades industriales, así como materia prima para su industrialización y eventual exportación.

i.2. Mantenimiento del principio de propiedad de la República sobre los yacimientos del gas.

i.3. *Realización de las actividades extractivas de gas no asociado, así como el transporte, almacenamiento, distribución y comercialización nacional e internacional de gas asociado y no asociado, por parte de inversionistas privados, nacionales y extranjeros, con o sin la participación del Estado.*

i.4. *Que los bienes y equipos fabricados en el país concurran en condiciones de igualdad para ser utilizados en los proyectos.*

i.5. *Que consagre una participación de la República o regalía por la explotación del recurso y se faculta al Ejecutivo Nacional para disminuirla o exonerada cuando técnica o económicamente se requiera y una adaptación de los demás tributos aplicables al gas.*

i.6. *Que establezca expresas condiciones que propicie la industrialización del gas en el país con participación del capital privado nacional o extranjero.*

i.7. *Que mantenga las funciones del Ejecutivo Nacional en la fijación de políticas que regirán el sector.*

i.8. *Que cree un Ente Nacional de Gas autónomo con atribuciones para promover el desarrollo del sector y la competencia en todas las fases de la industria del gas y ejercer la coordinación y salvaguarda de las actividades de transmisión y distribución, mientras prevalezcan condiciones monopolísticas.*

i.9. *Que prevea la prestación eficiente del servicio público de suministro de gas, a fin de garantizar su continuidad y precios adecuados para los usuarios.*

j). *Dictar las medidas para impulsar y regular el sector eléctrico nacional, dentro o de los siguientes parámetros:*

j.1. Tener como objetivo principal, la garantía del suministro eléctrico, continuo, seguro y suficiente, al menor costo posible, con la mayor calidad y que permita la óptima utilización de los recursos disponibles.

j.2. Con la participación del Estado y del sector privado, desarrollar una verdadera y real competencia en las actividades de generación comercialización que tenga libre acceso a las redes de transmisión y distribución. El marco legal a dictarse deberá tener presente, tanto establecimiento de mecanismos regulatorios eficientes por parte del Estado, así como también la rentabilidad de la inversión necesaria e sector.

j.3. Reservar para el Ejecutivo Nacional a través del Ministerio de Energía Minas, la facultad indelegable de fijar las tarifas eléctricas en todas sus fases (generación, transmisión, distribución y comercialización), para cuya determinación deberá tomarse en cuenta, al estimar los costos las mismas, la necesidad de que se ajusten a niveles de eficiencia que garanticen los derechos de los consumidores.

j.4. Establecer la separación jurídica, contable y de gestión de actividades de generación, transmisión, distribución y comercializa de las empresas del sector eléctrico nacional, para lo cual establecerán plazos acordes a las circunstancias.

j.5. Establecer normas orientadas a impulsar la extensión del servicio en zonas aisladas o deprimidas y al aprovechamiento de fuentes alternas de energía.

j.6. Respetar la competencia municipal sobre la materia eléctrica, de conformidad con lo establecido en la ley Orgánica de Régimen Municipal.

k) Dictar las medidas necesarias para ordenar el régimen jurídico de las minas de manera que mediante reglas claras y modernas se garantice la preservación del ambiente y se pueda atender el desarrollo minero integral, armonizando las actividades mineras con el resto de nuestra economía, dentro de los siguientes términos:

k.1. Mantenimiento de la propiedad de la Nación, sobre los yacimientos. mineros y la declaratoria de utilidad pública de las actividades que sobre ellos se realicen.

k.2. Propiciar la exploración del territorio nacional, a fin de perfeccionar. nuestro inventario minero.

k.3. Eliminar el régimen del denuncio y consagrar el régimen de concesiones únicas facultativas de exploración y explotación.

k.4. Armonizar el régimen de la minería en Venezuela, a fin de atender a la pequeña, mediana y gran minería.

k.5. Adecuar las actividades mineras a los planes de ordenación territorial y de defensa del medio ambiente.

k.6. Fomentar el desarrollo de sectores mineros no tradicionales.

k.7. Establecer un régimen fiscal fundamentalmente instrumental, que propicie la inversión privada nacional o extranjera.

k.8. Contemplar la creación de entes para la atención de problemas específicos del sector y la coordinación con los organismos competentes de la protección del ambiente.

k.9. Regularizar las actividades mineras en el país y establecer la debida coordinación con los estados en las actividades mineras que a éstos corresponda.

l) *Dictar normas que garanticen el crédito oportuno y suficiente para el sector agropecuario por parte del Sistema Bancario Nacional, a fin de lograr la seguridad alimentaria de la población; que reconozcan la importancia estratégica de la agricultura nacional, afianzando al hombre como destinatario del desarrollo y fortaleciendo el sector agroalimentario.*

m) *Dictar medidas con el objeto de reformar las leyes relacionadas con la tenencia y propiedad de las tierras del Estado, a fin de optimizar su utilización en los planes de desarrollo agrario, dentro del espíritu de la reforma agraria, industrial y habitacional, y el reconocimiento y protección de la propiedad colectiva de la tierra a favor de las etnias indígenas.*

El Ejecutivo Nacional a los fines de hacer efectivo el reconocimiento del derecho a la propiedad colectiva de las tierras que ocupan las comunidades indígenas deberá proceder a la respectiva delimitación y dotación de las mismas, en el marco del respeto a sus patrones de asentamiento, organización sociocultural y derechos históricos.

Se transferirá a los municipios las tierras que se encuentran afectadas por los Programas de Planificación de Desarrollo Urbano presentados por las municipalidades.

Artículo 2°

En el ejercicio de las autorizaciones conferidas en el artículo 19 de esta Ley, el Presidente de la República, en Consejo de Ministros, podrá dictar, mediante Decreto con rango y fuerza de ley, las disposiciones legales que fuesen necesarias, dentro de los límites autorizados por esta Ley.

Parágrafo Primero: En caso de que los Decretos dictados conforme a esta ley constituyan la reforma de una Ley, deberá publicarse el texto íntegro de ésta con las modificaciones incorporadas.

Parágrafo Segundo: En los Decretos contemplados en esta ley no deberán establecerse sanciones o disposiciones contrarias a la normativa del Código Orgánico Tributario.

Dada, firmada y sellada en el Palacio Federal Legislativo en Caracas a los veintidós días del mes de Abril de mil novecientos noventa y nueve. Años 189° de la Independencia y 140° de la Federación.

Luis Alfonso Dávila (Presidente) Enrique Capriles Radonski (Vicepresidente)

Elvis Amoroso José Gregorio Correa (Secretarios)

RESULTADOS DE AQUELLA PRIMERA LEY HABILITANTE APROBADA A HUGO CHÁVEZ FRIAS

Decretos ley que se emitieron con aquella autorización del Congreso Nacional hasta el 26 de Octubre de 1.999.
Según lo publica el sitio Web la Procuraduría General de la República, en total Hugo Chávez utilizando esta autorización emitió 54 instrumentos impropiamente calificados como Decretos Ley que a continuación se especifican:[8]

Decreto ley Impuesto al Débito Bancario.

Decreto ley de Reglamento al Decreto Ley que establece el Impuesto al Valor Agregado.

---

8. http://www.pgr.gob.ve/index.php?option=com_content&view=article&id=2911

Decreto ley de Autorización al Ejecutivo para Contratación y Ejecución de Operaciones de Crédito Público durante el ejercicio fiscal 1.999

Decreto ley de Reforma parcial del Fondo de Inversión para la Estabilización Macroeconómica.

Decreto ley de Reforma parcial del de la ley Orgánica de Aduanas.

Decreto ley de Reforma parcial de la Ley Orgánica de Régimen Presupuestario.

Decreto ley de Sistema Nacional de Garantías Recíprocas para la pequeña y mediana empresa.

Decreto ley de Medidas de salvaguardia comerciales.

Decreto ley de Reforma de la Ley Orgánica de la Administración Central.

Decreto ley de Adscripción de Institutos Autónomos y Fundaciones del Estado.

Decreto ley de Crédito para el sector agrícola.

Decreto ley del Servicio Eléctrico.

Decreto ley Orgánica de Hidrocarburos Gaseosos.

Decreto ley de Minas.

Decreto ley de Creación del Fondo único Social.

Decreto ley de Reforma a la Ley de Licitaciones.

Decreto ley de Reforma parcial del Decreto Ley Orgánica de Reforma de la ley Orgánica de Administración Central.

Decreto ley de Reforma de la Ley de Impuesto Sobre la Renta.

Decreto ley de Régimen de Promoción y Protección de Inversiones.

Decreto ley de Reforma de la Ley de Regulación de la Emergencia Financiera.

Decreto ley de Reforma de la Ley de Reforma de la Ley de Impuesto Sobre Sucesiones, donaciones y demás ramos conexos.

Decreto ley de Reforma de la Ley de Arancel Judicial.

Decreto ley de Reforma de la Ley de Registro Público.

Decreto ley de Reforma de la Ley de Timbre Fiscal.

Decreto ley de Reforma del Decreto ley 2963 que regula el subsistema de paro forzoso y capacitación profesional.

Decreto ley de Reforma del Decreto ley que regula el Subsistema de vivienda y política habitacional.

Decreto ley de Simplificación de trámites administrativos.

Decreto ley de Ley Orgánica de reforma el Decreto ley sobre concesiones de obras públicas y servicios públicos nacionales.

Decreto ley de Reforma parcial del Decreto ley 118 con rango y fuerza de ley que establece el débito bancario.

Decreto ley de Reforma parcial de la Ley de Crédito para el sector agrícola.

Decreto ley de Ley de Reforma parcial de la Ley sobre adscripción de Institutos Autónomos y Fundaciones del Estado.

Decreto ley de Ley que suprime el Servicio Autónomo de Seguridad Aérea (SASAE) integrado por las Direcciones de Aeronáutica Civil y de Ingeniería del Tránsito Aéreo de la Dirección General Sectorial de Transporte Aéreo, adscrito al Ministerio de Transporte y Comunicaciones.

Decreto Ley de Supresión de la Corporación Venezolana del Suroeste (CORPOSUROESTE).

Decreto ley que liquida y suprime la Corporación de Desarrollo de la Región Nororiental (CORPORIENTE).

Decreto ley que regula el Sistema Financiero Público del Estado Venezolano.

Decreto ley de Reforma parcial de la Ley del Fondo de Inversiones de Venezuela.

Decreto ley de Reforma parcial de la ley del Fondo de Crédito Industrial (FONCREI).

Decreto ley de Reforma parcial de la Ley del Banco Industrial de Venezuela.

Decreto ley de supresión y liquidación de CORPOINDUSTRIA.

Decreto ley de liquidación de la Fundación Fondo de Cooperación y Financiamiento de la Empresa Asociativa (FONCOFIN).

Decreto ley de Supresión y liquidación de FONCAFE.

Decreto ley de Supresión y liquidación de FONCACACO.

Decreto ley de Supresión y Liquidación del Instituto de Crédito Agrícola y Pecuario (ICAP).

Decreto ley del Fondo de Desarrollo Agropecuario, Pesquero, Forestal y Afines FONDAPFA.

Decreto ley de Reforma parcial del Banco de Comercio Exterior (BANCOEX).

Decreto ley de Supresión y liquidación del Instituto Nacional de Hipódromos y regula las actividades hípicas.

Decreto ley para la promoción y protección de las inversiones en el uso y explotación del espectro radioeléctrico.

Decreto ley de reforma parcial de la ley orgánica del sistema de seguridad integral.

Decreto ley de Reforma parcial del Decreto 2944 mediante el cual se regula el subsistema de salud.

Decreto ley de reforma parcial del decreto 2993 mediante el cual se regula el subsistema de pensiones.

Decreto ley de arrendamientos inmobiliarios.

Decreto ley de reforma de la ley de igualdad de oportunidades para la mujer.

Decreto ley de reforma parcial de la ley que crea el Instituto Postal Telegráfico.

Decreto ley de Creación del Fondo único Social.

ANÁLISIS CRÍTICO

El aspecto más resaltante de esta primera Ley Habilitante a Hugo Chávez es que se emitió bajo presión como lo demuestran los acontecimientos históricos de entonces y que pueden palparse en la última sesión del Congreso Nacional. Esa presión, por sí sola sería suficiente para descalificar esta Ley, o para determinarla como "ley infame", pero más allá de eso sus resultados lo han corroborado.

Esta primera Ley habilitante se le concedió al Presidente Chávez por un lapso de 6 meses lo cual pone de manifiesto que constituyó no una delegación para legislar sino una cesión de funciones concedida sin límites porque esa delimitación de ámbitos es de una amplitud tal donde todo, absolutamente todo cabía, y los 54 Decretos ley que con base a ella se dictaron, no correspondió a emergencia alguna, ni financiera, ni de ningún otro tipo. Como puede verse en la transcripción de los discursos, la justificación para esta delegación fue que había una inmensa crisis económica, financiera y política y que los procedimientos legislativos eran muy engorrosos y tardíos, a lo cual por cierto las distintas fuerzas políticas de oposición actuantes en el Congreso ofrecían su colaboración para tramitar leyes con prontitud, pero el gobierno solo quería el poder total como en efecto lo obtuvo, y como antes se dice, lo hizo bajo presión como lo denunciaron reiteradamente en el mismo Parlamento, y aquello que no se le dio en aquella oportunidad al poco tiempo lo tomó a través de la Asamblea Nacional Constituyente.

EN CONCLUSIÓN

El Congreso Nacional actuando bajo presión cedió sus atribuciones constitucionales e incurrió en el vicio de **extralimitación de atribuciones** ya que invocando la facultad que indirectamente le confería el artículo 190.8 Constitucional para autorizar al Presidente a *"Dictar medidas extraordinarias en materia económica o financiera cuando así lo requiera el interés público y haya sido autorizado para ello por la ley especial"*, fue más allá y le autorizó para legislar en exceso temporal y material. Así también, el Presidente de la República en **usurpación de autoridad** ejecutó tal mandato inconstitucional usurpando funciones del Congreso de la República. Obsérvese que entre los Decretos Ley emitidos por el Ejecutivo en base a la habilitante están instrumentos de los que expresamente se negó dar en el Congreso porque implicaba ceder sus funciones de control como fueron Decreto ley de Reforma a la Ley de Licitaciones, Decreto ley de Ley Orgánica de reforma el Decreto ley sobre concesiones de obras públicas y servicios públicos nacionales Decreto ley de Minas, Decreto ley de Reforma parcial de la Ley de Crédito para el sector agrícola.

CAPITULO 6

SEGUNDA LEY HABILITANTE A HUGO CHÁVEZ AÑO 2000

La Asamblea Nacional comienza a operar el 14 de Agosto del año 2000 y el 13 de Noviembre de ese mismo año, específicamente el 13 de Noviembre aprobó a Hugo Chávez una Ley Habilitante la cual fue publicada en la Gaceta Oficial N° 37.076, y reimpreso su sumario en la Gaceta Oficial N° 37.077, del 14 de noviembre de 2000

Este es el texto:

LA ASAMBLEA NACIONAL DE LA REPÚBLICA BOLIVARIANA DE VENEZUELA
Decreta la siguiente,
LEY QUE AUTORIZA AL PRESIDENTE DE LA REPUBLICA PARA DICTAR DECRETOS CON FUERZA DE LEY EN LAS MATERIAS QUE SE DELEGAN

Artículo 1. Se autoriza al Presidente de la República para que, en Consejo de Ministros, dicte decretos con fuerza de Ley, de acuerdo con las directrices, propósitos y marco de las materias que se delegan en esta Ley, de conformidad con el tercer aparte del artículo 203 y el numeral 8 del artículo 236 de la Constitución de la República Bolivariana de Venezuela y, en consecuencia:

1.- En el ámbito financiero:

a) Dictar medidas relativas al financiamiento agrícola, que permitan el desarrollo sustentable del sector. En este sentido, se garantizará una cartera obligatoria para las instituciones financieras vinculadas con el sector agropecuario.

b) *Dictar medidas relativas al fomento, promoción, recuperación y desarrollo de la pequeña y mediana industria. En este sentido, se garantizará el financiamiento oportuno, la capacitación, asistencia técnica, y preferencias en las compras del sector público, en la reestructuración de sus deudas, en la capacitación de su recurso humano y en la investigación que sea útil para su desarrollo.*

c) *Dictar medidas con el objeto de crear, dentro del sistema financiero venezolano una banca de segundo piso, a través de la cual se concedan créditos para fortalecer las actividades microempresariales sustentadas en la iniciativa popular. Igualmente, se deberá crear el sistema Microfinanciero venezolano que integre las operaciones de microfinanciamiento en zonas urbanas y rurales y que permita su crecimiento de manera transparente y eficiente.*

d) *Dictar medidas que regulen y fortalezcan el sistema financiero, garanticen su estabilidad y estimulen la competitividad. A tal fin, se restituirán a la Superintendencia de Bancos y otras Instituciones Financieras las atribuciones que le fueron conferidas a la Junta de Emergencia Financiera por la Ley de Regulación Financiera.*

Se ampliará el criterio de vinculación para el establecimiento de empresas relacionadas: se incluirán las filiales en el exterior dentro del concepto de grupo financiero; se establecerán regulaciones a las operaciones realizadas por la banca comercial: se propiciarán medidas de estímulo para el fortalecimiento patrimonial del sector bancario venezolano, para la fusión bancaria, así como para la racionalización y reducción de los gastos de transforma-

ción en dicho sector, y se modificará el régimen sancionatorio.

e) *Dictar medidas para adecuar el funcionamiento de las cajas de ahorro, fondos de ahorro y similares a la realidad económica y financiera del país. Para ello, se dotará a la Superintendencia correspondiente de las potestades de fiscalización y control que sean necesarias. Dicha Superintendencia se configurará como un servicio autónomo sin personalidad jurídica, adscrito al Ministerio de Finanzas, con autonomía funcional, administrativa, financiera y organizativa.*

f) *Dictar medidas que regulen la actividad aseguradora con la finalidad de conferir al organismo de control los medios adecuados para el ejercicio de sus funciones; llenar los vacíos normativos en materia de supervisión contable, forma de reposición de capital y asunción de pérdidas de capital, adecuación de capitales mínimos, previsión de sanciones aplicables, establecimiento de responsabilidades de los administradores de las empresas de seguros y reaseguros y sus accionistas, modificación de las garantías previstas y la forma en que deben ser presentadas las reservas.*

Se establecerá un régimen de fusión de las empresas de seguro y se redimensionará el mercado asegurador con el fortalecimiento institucional del sector.

g) *Dictar medidas para transformar el Fondo de Inversiones de Venezuela en el Banco de Desarrollo Económico y Social de Venezuela, el cual actuará como agente financiero del Estado, asumiendo la rectoría del manejo de los activos bancarios del sector público, para atender el financiamiento de proyectos orientados hacia la desconcentración económica, estimulando la inversión privada en zonas deprimidas y de bajo rendimiento, apoyando financieramente proyectos especiales de desarrollo regional. Actuará, además, como ente fiduciario de organismos del sector público; apoyará técnica y financieramente la expansión y diversificación de la infraestructura social y productiva de los sectores prioritarios y contribuirá con el desarrollo equilibrado de las distintas regiones del país. Administrará los acuerdos financieros internacionales. El Banco de Desarrollo Económico y Social de Venezuela tendrá competencia para actuar en el territorio nacional y en el extranjero.*

h) *Dictar medidas que permitan garantizar al Banco de Comercio Exterior su carácter de institución financiera de desarrollo destinada al financiamiento y promoción de inversiones y de exportaciones, así como prestar asesoría y asistencia técnica al exportador de bienes y servicios nacionales no petroleros.*

2.- En el ámbito económico y social

a) *Dictar medidas con el fin de garantizar la titularidad, régimen de tenencia y uso de la tierra, como un elemento de desarrollo rural. Las medidas en materia de desarrollo agrícola y rural contemplarán mecanismos para dinamizar el mercado de tierras y garantizar su transparencia; el ordenamiento territorial y la conservación del medio ambiente; la dotación a la población rural de los servicios públicos y la infraestructura necesaria para su desarrollo; promover las diversas formas organizativas con el objeto de fomentar la participación de la población rural en los procesos de toma de decisiones locales, nacionales y su desarrollo en el ámbito económico; modificar o crear instituciones agrícolas; con el fin de adaptarlas a las nuevas realidades; impulsar los procesos educativos for-*

males y no formales, de capacitación, extensión e investigación; operativizar el sistema de seguridad social en las áreas rurales; regular el salario agrícola; y fomentar programas orientados a la optimización de los procesos productivos.

b) *Dictar medidas dirigidas a facilitar la constitución de cooperativas, simplificando sus procedimientos y contemplando normas que estimulen su conformación en áreas que a la fecha han sido vedadas. Se fortalecerá la Superintendencia Nacional de Cooperativas como ente contralor. Se contemplará y simplificará la constitución de formas organizativas que estimulen y fortalezcan los sectores productivos débiles. Se flexibilizarán los criterios que regulan las relaciones de las empresas cooperativas con otras formas de organización y redefinirán los objetivos de los organismos de integración.*

c) *Dictar medidas que permitan proteger y mejorar las condiciones de vida de las comunidades pesqueras y sus asentamientos; los caladeros de pesca en las aguas continentales y próximas a la línea de costa; así como preservar la biodiversidad y los procesos ecológicos, asegurando un ambiente acuático sano y seguro; garantizar los plenos beneficios económicos y sociales a los pescadores artesanales, a los tripulantes venezolanos de las embarcaciones pesqueras y demás trabajadores del subsector pesquero.*

d) *Las medidas ordenarán el subsector, basándose en los principios rectores para asegurar la producción, conservación, control, administración, fomento, exploración y aprovechamiento en forma responsable y sostenible de los recursos hidrobiológicos, así como teniendo en cuanta los aspectos biológicos, tecnológicos, económicos, sociales, culturales, ambientales y comerciales pertinentes. Se determinarán las formas por las cuales el Estado promoverá, incentivará y establecerá las políticas y mecanismos necesarios para garantizar el abastecimiento nacional de los productos y subproductos pesqueros y acuícolas, como base estratégica de la seguridad alimentaria, de acuerdo con lo establecido en la Constitución de la República Bolivariana de Venezuela. Se establecerán los mecanismos de coordinación a los que se sujetarán las demás entidades del Estado que desarrollen funciones relacionadas con el ámbito pesquero, a los fines de incentivar, fomentar, desarrollar y controlar la actividad pesquera, acuícola y conexas, basados en el Plan Nacional de Desarrollo Pesquero y Acuícola.*

e) Dictar medidas necesarias para unificar y ordenar el régimen legal de los hidrocarburos, hoy dispersos en diferentes leyes, a fin de armonizar las distintas actividades del sector, así como las de éste con el resto de la economía; mantener la propiedad de la República sobre los yacimientos de hidrocarburos y la declaratoria de utilidad pública y de servicio público de actividades que sobre los mismos se realicen. Se adecuarán las actividades del sector con los planes de ordenación del territorio y la defensa del ambiente.

f) Reformar la materia del impuesto de explotación o regalía, a fin de garantizar mayor eficacia en el control fiscal e incrementar la recaudación de ingresos para la República, armonizándolo con la correspondiente adecuación del impuesto sobre la renta y la reforma en materia de impuestos al consumo de los productos derivados de hidrocarburos con el propósito, al mismo tiempo, de mantener condiciones que favorezcan las inversiones necesarias en las actividades de exploración, extracción, transporte, almacenamiento, refinación y comercialización de los hidrocarburos y sus productos.

g) *Igualmente, se regulará el aprovechamiento eficiente de los hidrocarburos como materia prima para su industrialización y exportación; se procurará que los bienes y equipos fabricados en el país concurran en condiciones de igualdad, para ser utilizados en las actividades vinculadas con los hidrocarburos. Asimismo, se establecerán condiciones que propicien la industrialización de los hidrocarburos en el país, con la finalidad de obtener el mayor valor agregado por sus productos; reservar al Ejecutivo Nacional, por órgano del Ministerio de Energía y Minas, la facultad indelegable de fijar las tarifas o precios de los hidrocarburos. El marco legal a dictarse deberá considerar, tanto el establecimiento de mecanismos regulatorios eficientes por parte del Estado, como la rentabilidad de la inversión necesaria en el sector.*

h) *La nueva legislación en hidrocarburos será integral, es decir, regulará los hidrocarburos y su totalidad, cualquiera que sea su forma de aparición en la naturaleza: gaseosa, líquida o bituminosa. Igualmente, regulará las diversas actividades que se realizan sobre los hidrocarburos; exploración, extracción, transporte, almacenamiento, procesamiento y mercadeo, tanto el de exportación como el interno.*

i) *Dictar medidas para armonizar y coordinar las competencias en materias de gas y electricidad de los poderes público municipales, estadal y nacional.*

j) *Dictar medidas dirigidas a regular la organización y funcionamiento del sector turístico nacional, así como la orientación, facilitación, fomento, coordinación y control de la actividad turística, como factor de desarrollo económico y social del país, cuyo ámbito de aplicación comprenderá los órganos e instituciones, que desarrollen actividades relacionadas con el sector y los prestadores de servicios turísticos. Se modificará la normativa relativa al Fondo Nacional de Promoción y Capacitación Turística, con el objeto de hacer más operativo su funcionamiento. Igualmente, se dictarán medidas para establecer los mecanismos de participación y concertación del sector público y privado en la actividad turística.*

3. En el ámbito de infraestructura, transporte y servicios:

a) Dictar las medidas y políticas necesarias para fomentar el crecimiento y la administración de la aviación civil en condiciones de seguridad, orden, eficiencia y economía, en armonía con las políticas y planes de desarrollo del Estado, bajo el ejercicio de la soberanía plena y exclusiva del espacio aéreo nacional, regulando el empleo de la aviación civil de la República Bolivariana de Venezuela y de la aviación civil internacional en el espacio geográfico nacional, sin perjuicio de lo estipulado en los tratados y convenios internacionales celebrados por la República. En todo caso debe garantizarse bajo el principio de reciprocidad la participación de empresas nacionales en las rutas internacionales.

b) Dictar medidas para regular la planificación, construcción y explotación del sistema ferroviario del Estado, estableciendo una base jurídica que permita la captación de inversiones y el desarrollo de una estructura que conlleve al enlace de todas las regiones del país con sus principales puertos comerciales, a través de un transporte de pasajeros y de carga, confiable y de bajo impacto ambiental.

c) Dictar medidas que adecuen la legislación marítima nacional a los principios constitucionales referentes a los espacios acuáticos, respetando los tratados y acuerdos internacionales celebrados por la República. Regular la acción de los organismos públicos y privados en los espacios acuáticos de la República y las funciones del Estado y los particulares en materia de seguridad y defensa, salvaguarda, pesca y cultivos acuícolas, salvamento y seguridad de la vida humana en el mar, ayudas y control de la navegación, protección del ambiente, exploración y explotación de los recursos naturales renovables o no renovables, extracción de restos y protección del patrimonio arqueológico de la Nación, investigación y desarrollo, construcción y reparaciones navales, navegación marítima fluvial y lacustre, política naviera del Estado, estructura portuaria, servicios de hidrografía, meteorología, cartografía náutica, pilotaje y canales de navegación.

d) Dictar medidas que regulen todo lo relacionado con el transporte automotor por vías públicas y privadas destinadas al uso público y privado permanente o casual, así como las actividades conexas, mediante un instrumento único que contenga los mecanismos que permitan su control, administración, supervisión, fiscalización y acciones sancionadoras para lograr su implementación en aras de coadyuvar con el desarrollo armónico del país.

4.- En el ámbito de la seguridad ciudadana y jurídica:

a) Dictar medidas para la creación de una Ley de Coordinación de Seguridad Ciudadana, que tendrá carácter de Legislación Organizativa de coordinación de Servicios Policiales, para dotarlos de principios organizativos básicos comunes, y el mecanismo adecuado para reunir estas regulaciones en un texto legal único, que constituya la bases adecuada para sentar el principio fundamental en la materia: El de la cooperación reciproca y coordinación de los órganos de seguridad ciudadana.

b) Dictar medidas que regulen la organización, competencia y funcionamiento de los órganos de investigación penal, conforme a las disposiciones de la Constitución de la República Bolivariana de Venezuela y del Código Orgánico Procesal Penal. El Proyecto de Ley que se elabora atiende a la creación, formación y actuación de una organización que permita la reconstrucción de los hechos delictivos, que garantice una eficiente investigación, el respeto a los derechos humanos, la presunción de inocencia y el derecho a la defensa, sin desmedro de la protección al sitio del suceso, la preservación de las evidencias, la identificación de las víctimas, autores y testigos, y el principio de la confidencialidad y legalidad de la investigación criminal.

c) Dictar medidas para reformar la Ley del Ejercicio de la Profesión del Bombero para adecuar su contenido a la condición de órgano de seguridad ciudadana y de administración de emergencias que se le otorgó a los Bomberos en el numeral 3 del artículo 332 de la Constitución de la República Bolivariana de Venezuela.

d) Dictar medidas que creen la Ley del Sistema Nacional de Defensa Civil que resguarden los derechos de las personas y su protección recibida por parte del estado, ante situaciones de amenaza, vulnerabilidad y riesgo; que además precise la obligación del estado y de los particulares en virtud de la solidaridad y responsabilidad social, y asistencia humanitaria frente a situaciones de calamidad pública, en vista de lo que dispone el artículo 332 numeral 4 de la Constitución de la República Bolivariana de Venezuela.

e) Dictar medidas que permitan incorporar nuevas tecnologías que garanticen un sistema de identificación seguro, eficiente y coordinado, para los nacionales y para extranjeros que se encuentren dentro o fuera del país. Las medidas preverán un sistema de información integrado con una base de datos decadactilar, que facilite al ciudadano el ejercicio de sus derechos y garantías constitucionales, el acceso a los servicios públicos, el intercambio de información y el apoyo a las funciones de los órganos del Estado.

f) Dictar medidas para la automatización eficiente de los nuevos procesos registrales y notariales, y aquellos que otorguen seguridad jurídica y garanticen los principios de libertad contractual y de legalidad de los derechos de las personas, de los actos, contratos y negocios jurídicos, de las sociedades mercantiles y de los bienes muebles e inmuebles, sometidos al régimen de publicidad en los registros y notarías.

5.- En el ámbito de la ciencia y la tecnología:

a) Dictar medidas que promuevan la ciencia, la tecnología y la innovación, determinando los mecanismos institucionales y operativos para la promoción, estímulo y fomento de la investigación científica y la innovación tecnológica. Dicha regulación establecerá los mecanismos de coordinación y financiamiento de proyectos dirigidos a promover la ciencia, la tecnología y la innovación, con el propósito de impulsar los procesos de generación, utilización, difusión, transferencia y gestión de estas actividades en todos los ámbitos relacionados con el desarrollo social, cultural y económico del país.

Se establecerán mecanismos para incentivar el desarrollo de redes regionales, nacionales e internacionales de cooperación científica y tecnológica en apoyo al sector industrial, empresarial, académico y educativo del país, implementando programas de formación del capital humano para cultivar el desarrollo científico, tecnológico y humanístico. Asimismo, se fomentarán vínculos entre las instituciones de investigación científica y tecnológica y la industria, a los fines de facilitar la transferencia e innovación.

b) Dictar medidas que regulen la actividad informática, a fin de otorgar seguridad jurídica para la expansión y desarrollo de las comunicaciones electrónicas, especialmente dirigidas al uso de la red mundial de comunicaciones. De igual forma, se deberá promover el uso y la seguridad en el comercio electrónico y en la transmisión de datos. Se regularán las actividades de los proveedores de los servicios de certificación y los certificados electrónicos. En todo caso, se dictarán medidas para regular la firma, tramitación y formalización de documentos digitales.

6.- En el ámbito de la organización y funcionamiento del Estado:

a) Dictar medidas a los efectos de reformar la Ley Orgánica de la Procuraduría General de la República con el obje-

to de adecuarla a las competencias constitucionales, así como redimensionar su funcionamiento.

b) Dictar medidas que regulen la creación, funcionamiento y organización del Consejo de Estado, de acuerdo con lo previsto en la Constitución de la República Bolivariana de Venezuela.

c) Dictar normas relativas a la función pública a nivel nacional y cualquier otra que tenga relación con el empleo público, a fin de racionalizar los gastos funcionales de la Administración Pública y lograr una mayor eficiencia en la actividad administrativa.

Se regularán las materias propias de la función pública, como ingreso, ascenso, traslado, estabilidad, suspensión, retiro y lo relativo al contencioso funcionarial. Asimismo, se fortalecerán las potestades administrativas sobre las variables de ingreso, ascenso y egreso de los funcionarios públicos. Se establecerá la clasificación de los funcionarios públicos de carrera y de libre nombramiento y remoción. Se establecerá la contratación bajo régimen laboral para las funciones no reservadas a los funcionarios públicos.

Se incorporará la evaluación del desempeño como instrumento de medición basado en factores objetivos, como la base para incentivos, ascensos y para el eventual egreso, así como la obligación que tienen los supervisores de efectuarla; se regularán los concursos para el ingreso, los cuales deberán ser públicos y obligatorios, permitiendo la participación de los interesados en condiciones de igualdad.

Se asignarán a las Oficinas de Personal de los organismos de la Administración Pública Nacional, competencias que permitan diseñar una política de personal acorde con los requerimientos de su organismo de acuerdo con las directrices aprobadas por los órganos de la función pública; se sustituirá el Registro de Asignación de Cargos por los planes de personal centrados en el cumplimiento de metas institucionales y se sancionará el incumplimiento de las metas y programas previstos en los planes de personal.

d) Dictar medidas que regulen la creación, funcionamiento y organización del Consejo Federal de Gobierno como instancia de coordinación para la formulación de políticas concurrentes entre la República, los Estados y los Municipios.

e) Dictar medidas que regulen la función de planificación del Estado con el propósito de incrementar la capacidad de gobierno y la formulación, ejecución, seguimiento y control de las políticas públicas. Para ello, se actualizará el régimen jurídico de la planificación; se definirán las funciones que le corresponden a cada nivel territorial de gobierno y a las nuevas instancias constitucionales de coordinación de políticas públicas en el proceso de la planificación, estableciendo la interrelación del conjunto de planes y su vinculación con los presupuestos públicos y fortaleciendo los mecanismos de consulta y participación democrática en los procesos de la planificación nacional.

f) Dictar medidas que adecuen la Ley de Licitaciones a las necesidades del financiamiento multilateral de proyectos para el desarrollo nacional, definidos por la República Bolivariana de Venezuela, a los efectos de facilitar las contrataciones públicas con recursos provenientes de organismos multilaterales y generar confianza en cuanto al manejo de éstos. A tal efecto, se regulará la posibilidad de aplicar en las contrataciones que efectúe la Administración Pública, las normas y procedimientos de selección de contratistas que prevén los organismos multilaterales, cuando esto sea convenido en los respectivos contratos de financiamiento. Igualmente, se modificarán las normas relativas al Servicio Nacional de Contrataciones a fin de determinar su adscripción, atribuciones y funcionamiento.

Modificar el régimen vigente con el objeto de modernizar y agilizar los procedimientos de selección de contratistas dentro de normas de transparencia y eficiencia.

g) Dictar medidas para la modernización y regulación de la actividad estadística pública con la finalidad de lograr información primaria suficiente, veraz y oportuna para la formulación de las políticas públicas en los diversos sectores de actividad. En todo caso, se establecerá un régimen actualizado sobre la función estadística del Estado y se regulará su relación con los particulares en el suministro, mantenimiento y uso de la información estadística.

Artículo 2. Todos los Decretos que sean dictados en ejecución de esta Ley, deberán ser acompañados de su respectiva Exposición de Motivos.

Artículo 3. La autorización al Presidente de la República para dictar las medidas a que se refiere esta Ley, tendrá vigencia por el lapso de un año, contado a partir de la publicación de esta Ley en la Gaceta Oficial de la República Bolivariana de Venezuela.

Artículo 4. *La Asamblea Nacional designará de su seno una Comisión Especial, que refleje en lo posible la composición política del Cuerpo, a la que el Ejecutivo Nacional informará por lo menos diez (10) días antes de su publicación en*

Gaceta Oficial, del contenido de los decretos elaborados con base en los poderes delegados mediante la presente Ley.

Artículo 5. Los decretos leyes que dicte el Presidente de la República en ejercicio de la presente habilitación y que estén referidos a la materia de descentralización, respetarán en todo caso, el sistema de distribución constitucional de competencias y procurarán la satisfacción de los principios constitucionales de integridad territorial, cooperación, solidaridad, concurrencia y corresponsabilidad. En el plano de la cooperación, darán prioridad a los mecanismos de carácter voluntario y convencional; y en el plano de las competencias concurrentes, los indicados decretos establecerán el régimen básico de la correspondiente materia a fin de permitir su desarrollo por la legislación estadal, de conformidad con el artículo 165 de la Constitución de la República Bolivariana de Venezuela.

Dada, firmada y sellada en el Palacio Federal Legislativo, sede de la Asamblea Nacional, en Caracas a los siete días del mes de noviembre de dos mil. Año 190° de la Independencia y 141° de la Federación.

WILLIAN LARA Presidente

LEOPOLDO PUCHI Primer Vicepresidente GERARDO SAER Segundo Vicepresidente EUSTOQUIO CONTRERAS Secretario VLADIMIR VILLEGAS Subsecretario

USO QUE LE DIO HUGO CHAVEZ A ESTA SEGUNDA LEY HABILITANTE AÑO 2000

Con este segunda Ley Habilitante Hugo Chávez dictó 49 Decretos Ley que fueron los siguientes:

1) Decreto con Fuerza y Rango de Ley N° 1.121, de Licitaciones, publicado en la Gaceta Oficial N° 37.097 del 12 de diciembre de 2000;

2) Decreto con Fuerza y Rango de Ley N° 1.181, de Crédito para el Sector Agrícola, publicado en la Gaceta Oficial N° 37.148 del 28 de febrero de 2001;

3) Decreto con Fuerza y Rango de Ley N° 1.204, de Mensaje de Datos y Firmas Electrónicas, publicado en la Gaceta Oficial N° 37.148 del 28 de febrero de 2001;

4) Decreto con Fuerza y Rango de Ley N° 1.274, de Transformación del Fondo de Inversiones de Venezuela en el Banco de Desarrollo Económico y Social de Venezuela, publicado en la Gaceta Oficial N° 37.194 del 10 de mayo de 2001;

5) Decreto con Fuerza y Rango de Ley N° 1.279, de Función Pública de Estadística, publicado en la Gaceta Oficial N° 37.202 del 22 de mayo de 2001;

6) Decreto con Fuerza y Rango de Ley N° 1.327, de Asociaciones Cooperativas, publicado en la Gaceta Oficial N° 37.231 del 2 de julio de 2001;

7) Decreto con Fuerza y Rango de Ley N° 1.440, de Asociaciones Cooperativas, publicado en la Gaceta Oficial N° 37.285 del 18 de septiembre de 2001;

8) Decreto con Fuerza y Rango de Ley N° 1.437, de Espacios Acuáticos e Insulares, publicado en la Gaceta Oficial N° 37.290 del 25 de septiembre de 2001;

9) Decreto con Fuerza y Rango de Ley N° 1.290, de Ciencia Tecnología e Innovación, publicado en la Gaceta Oficial N° 37.291 del 26 de septiembre de 2001;

10) Decreto con Fuerza y Rango de Ley N° 1.436, de Puertos, publicado en la Gaceta Oficial N° 37.331 del 27 de septiembre de 2001;

11) Decreto con Fuerza y Rango de Ley N° 1.446, de Aviación Civil, publicado en la Gaceta Oficial N° 37.293 del 28 de septiembre de 2001;

12) Decreto con Fuerza y Rango de Ley N° 1.478, del Fondo de Inversión para la Estabilización Macroeconómica, publicado en la Gaceta Oficial N° 37.303 del 15 de octubre de 2001;

13) Decreto con Fuerza y Rango de Ley N° 1.435, del Fondo de Desarrollo Agropecuario, Pesquero, Forestal y Afines (FONDAFA), publicado en la Gaceta Oficial N° 37.317 del 5 de noviembre de 2001;

14) Decreto con Fuerza y Rango de Ley N° 1.453, de Coordinación de Seguridad Ciudadana, publicado en la Gaceta Oficial N° 37.318 del 6 de noviembre de 2001;

15) Decreto con Fuerza y Rango de Ley N° 1.468, de Zonas Costeras, publicado en la Gaceta Oficial N° 37.219 del 7 de noviembre de 2001;

16) Decreto con Fuerza y Rango de Ley N° 1.507, de Armonización y Coordinación de Competencias de los Poderes Públicos Nacional y Municipal para la Prestación de los Servicios de Distribución de Gas con Fines Domésticos y de Electricidad, publicado en la Gaceta Oficial N° 37.219 del 7 de noviembre de 2001;

17) Decreto con Fuerza y Rango de Ley N° 1.454, de Identificación, publicado en la Gaceta Oficial N° 37.320 del 8 de noviembre de 2001;

18) Decreto con Fuerza y Rango de Ley N° 1.380, de la Marina Mercante y Actividades Conexas, publicado en la Gaceta Oficial N° 37.221 del 9 de noviembre de 2001;

19) Decreto con Fuerza y Rango de Ley N° 1.456, de Crédito para el Sector Agrícola, publicado en la Gaceta Oficial N° E-5551 del 9 de noviembre de 2001;

20) Decreto con Fuerza y Rango de Ley N° 1.506, de Comercio Marítimo, publicado en la Gaceta Oficial N° E-5551 del 9 de noviembre de 2001;

21) Decreto con Fuerza y Rango de Ley N° 1.509, de la Función Pública de Estadística, publicado en la Gaceta Oficial N° 37.321 del 9 de noviembre de 2001;

22) Decreto con Fuerza y Rango de Ley N° 1.511, de Órganos de Investigación Científicas, Penales y Criminales, publicado en la Gaceta Oficial N° E-5551 del 9 de noviembre de 2001;

23) Decreto con Fuerza y Rango de Ley N° 1.523, de Cajas de Ahorro y Fondos de Ahorro, publicado en la Gaceta Oficial N° E-5551 del 9 de noviembre de 2001;

24) Decreto con Fuerza y Rango de Ley N° 1.505, de Contrato de Seguro, publicado en la Gaceta Oficial N° E-5553 del 12 de noviembre de 2001;

25) Decreto con Fuerza y Rango de Ley N° 1.531, de Desarrollo de Guayana, publicado en la Gaceta Oficial N° E-5553 del 12 de noviembre de 2001;

26) Decreto con Fuerza y Rango de Ley N° 1.532, del Fondo Único Social, publicado en la Gaceta Oficial N° 37.322 del 12 de noviembre de 2001;

27) Decreto con Fuerza y Rango de Ley N° 1.535, de Tránsito y Transporte Terrestre, publicado en la Gaceta Oficial N° 37.332 del 26 de noviembre de 2001;

28) Decreto con Fuerza y Rango de Ley N° 1.545, de Empresas de Seguros y Reaseguros, publicado en la Gaceta Oficial N° E-5553 del 12 de noviembre de 2001;

29) Decreto con Fuerza y Rango de Ley N° 1.547, de Pequeña y Mediana Industria, publicado en la Gaceta Oficial N° E-5552 del 12 de noviembre de 2001;

30) Decreto con Fuerza y Rango de Ley N° 1.312, de Fortalecimiento del Sector Asegurador, publicado en la Gaceta Oficial N° E-5554 del 13 de noviembre de 2001;

31) Decreto con Fuerza y Rango de Ley N° 1.469, de Zonas Especiales de Desarrollo Sustentable, publicado en la Gaceta Oficial N° E-5556 del 13 de noviembre de 2001;

32) Decreto con Fuerza y Rango de Ley N° 1.510, de Hidrocarburos, publicado en la Gaceta Oficial N° 37.323 del 13 de noviembre de 2001;

33) Decreto con Fuerza y Rango de Ley N° 1.512, de Adscripción de Institutos Autónomos, Empresas del Estado, Fundaciones, Asociaciones y Sociedades Civiles del Estado a los Órganos de la Administración Pública, publicado en la Gaceta Oficial N° E-5556 del 13 de noviembre de 2001;

34) Decreto con Fuerza y Rango de Ley N° 1.524, de Pesca y Acuacultura, publicado en la Gaceta Oficial N° 37.323 del 13 de noviembre de 2001;

35) Decreto con Fuerza y Rango de Ley N° 1.526, de Bancos y Otras Instituciones Financieras, publicado en la Gaceta Oficial N° E-5555 del 13 de noviembre de 2001;

36) Decreto con Fuerza y Rango de Ley N° 1.528, de Planificación, publicado en la Gaceta Oficial N° E-5554 del 13 de noviembre de 2001;

37) Decreto con Fuerza y Rango de Ley N° 1.533, de Cuerpos de Bomberos y Bomberas y Administración de Emergencias de Carácter Civil, publicado en la Gaceta Oficial N° E-5554 del 13 de noviembre de 2001;

38) Decreto con Fuerza y Rango de Ley N° 1.534, de Turismo, publicado en la Gaceta Oficial N° 37.332 del 13 de noviembre de 2001;

39) Decreto con Fuerza y Rango de Ley N° 1.544, de Impuesto sobre la Renta, publicado en la Gaceta Oficial N° E-5557 del 13 de noviembre de 2001;

40) Decreto con Fuerza y Rango de Ley N° 1.546, de Tierras y Desarrollo Agrario, publicado en la Gaceta Oficial N° 37.323 del 13 de noviembre de 2001;

41) Decreto con Fuerza y Rango de Ley N° 1.550, de Fondos y las Sociedades de Capital de Riesgo, publicado en la Gaceta Oficial N° E-5554 del 13 de noviembre de 2001;

42) Decreto con Fuerza y Rango de Ley N° 1.551, de Procedimiento Marítimo, publicado en la Gaceta Oficial N° E-5554 del 13 de noviembre de 2001;

43) Decreto con Fuerza y Rango de Ley N° 1.552, de Fondo del Crédito Industrial, publicado en la Gaceta Oficial N° E-5556 del 13 de noviembre de 2001;

44) Decreto con Fuerza y Rango de Ley N° 1.553, del Estatuto de la Función Pública, publicado en la Gaceta Oficial N° E-5557 del 13 de noviembre de 2001;

45) Decreto con Fuerza y Rango de Ley N° 1.554, de Registro Público y del Notariado, publicado en la Gaceta Oficial N° E-5556 del 13 de noviembre de 2001;

46) Decreto con Fuerza y Rango de Ley N° 1.555, de Licitaciones, publicado en la Gaceta Oficial N° E-5556 del 13 de noviembre de 2001;

47) Decreto con Fuerza y Rango de Ley N° 1.556, de la Procuraduría General de la República, publicado en la Gaceta Oficial N° E-5554 del 13 de noviembre de 2001;

48) Decreto con Fuerza y Rango de Ley N° 1.557, de Sistema Nacional de Protección Civil y Administración de Desastres, publicado en la Gaceta Oficial N° E-5557 del 13 de noviembre de 2001; y

49) Decreto con Fuerza y Rango de Ley N° 1.455, del Banco de Comercio Exterior (BANCOEX), publicado en la Gaceta Oficial N° 37.330 del 22 de noviembre de 2001.

ANÁLISIS CRÍTICO DE LA SEGUNDA LEY HABILITANTE EXPEDIDA POR LA ASAMBLEA NACIONAL AL PRESIDENTE HUGO CHÁVEZ

El 25 de Abril de ese año 1999 se votó favorablemente el Referéndum Aprobatorio para formar la Asamblea Nacional Constituyente la cual se instaló el 3 de Agosto del mismo año.

El 25 de Agosto de 1999 la Asamblea Nacional Constituyente emitió un Decreto mediante el cual restringió las actuaciones del Congreso ordenándole la suspensión de sesiones hasta que se ordenó su disolución el 28 de Marzo del 2000 sustituyéndolo primero por una Comisión Delegada y finalmente por una *Comisión Legislativa Nacional* que fuera de toda legalidad constitucional emitió actos que ellos denominaron "leyes" por las que se modificó el *Código Penal* en el que se crearon nuevas figuras o tipos delictivos (Gaceta Oficial N° 5.494 Extraordinario de fecha 20 de octubre de 2000), lo cual también hicieron en otros instrumentos como la *"Ley sobre Hurto y Robo de Vehículos Automotores"*, (Gaceta Oficial. N° 37.000 de 26 de julio de 2000). Se modificó el *Código Orgánico Procesal Penal* (Gaceta Oficial N° 37.022 de 25 de agosto de 2000), se creó impuestos (Ley que creó el IVA Gaceta Oficial N° 37.002 del 28-07-2000), se dictó la *Ley Orgánica de Tele-*

comunicaciones (Gaceta Oficial N° 36.970 de 16 de junio 2000), y otras.

CONCLUSIÓN

Ya subvertido el orden constitucional mediante el proceso constituyente y haciendo uso y abuso del nuevo texto constitucional, Hugo Chávez y su movimiento político se adueñaron prácticamente sin oposición del Poder Legislativo y en ese cuadro de adulteración institucional el nuevo parlamento emitió injustificadamente esta segunda habilitación con similares características a la anterior, pero agrandadas, ya que el lapso habilitado para que el Presidente legislara en este caso fue de un año, y con lo cual la Asamblea Nacional incurrió en el vicio de extralimitación de atribuciones ya que invocando la facultad constitucional que para delegar la actividad legislativa que le es propia, lo hizo no solo sin atención a la naturaleza de emergencia propia de este tipo de habilitaciones, sino además sin respeto a las condiciones que la misma norma constitucional contiene ya que concedió una ley habilitante genérica, sin fijar el marco estricto de la materia a delegar que demarca la Constitución, y sin haber ejercido ningún control posterior a la actividad presidencial para determinar cuando menos si se había actuado dentro del amplísimo enunciado de dicha Habilitante.

Por su parte, el presidente Hugo Chávez violó disposiciones atributivas de competencia constitucional y usurpó funciones del legislativo cuando emitió ese abigarrado conjunto de Decretos Ley. El funcionario incurrió en incompetencia constitucional pues la habilitación no le faculta a legislar indiscriminadamente como lo hizo sin tomar en cuenta opiniones distintas a las suyas dentro del cuadro de distintas fuerzas políticas existentes y sin consulta alguna a la sociedad civil.

Esta segunda Ley Habilitante conferida al presidente Hugo Chávez violentó tanto la facultad del Poder Legislativo para dictarla, como la del Poder Ejecutivo para solicitarla y para ejecutarla, infectando así de nulidad todo lo actuado al respecto.

CAPITULO 7

TERCERA LEY HABILITANTE A HUGO CHÁVEZ, AÑO 2007

Vigente desde el 1 de Febrero de 2007 hasta 18 meses después.

La Asamblea Nacional, fuera de toda posible justificación en razón de emergencia alguna, que no las había, **ni por trabas políticas en el Legislativo ya que el mismo estaba conformado únicamente por diputados chavistas ya que la oposición se abstuvo de participar en las elecciones**, y en una actividad de alta demagogia política que denominaron *"Parlamentarismo de calle"* sesionó en la plaza Bolívar de Caracas el día 30 de Enero del año 2007, y allí aprobaron la tercera Ley Habilitante, que recibía el presidente Hugo Chávez Frías en ocho años de mandato, ley que comenzó a tener vigencia desde su publicación en la Gaceta Oficial número 38.617, el 1 de Febrero de 2007, hasta dieciocho meses después.

Esta tercera Ley Habilitante se compuso de cuatro artículos, y el primero de ellos enunció sus amplísimos objetivos, falsamente denominados "marco de actuación" extendido en 11 denominados "ámbitos".

Este es el texto:

LA ASAMBLEA NACIONAL DE LA REPÚBLICA BOLIVARIANA DE VENEZUELA DECRETA
    La siguiente
    LEY QUE AUTORIZA AL PRESIDENTE DE LA REPÚBLICA PARA DICTAR DECRETOS CON RAN-

GO, VALOR Y FUERZA DE LEY EN LAS MATERIAS QUE SE DELEGAN

Artículo 1. Se autoriza al Presidente de la República para que, en Consejo de Ministros, dicte Decretos con Rango, Valor y Fuerza de Ley, de acuerdo con las directrices, propósitos y marco de las materias que se delegan en esta Ley, de acuerdo con las directrices, propósitos y marco de las materias que se delegan en esta Ley, de conformidad con el último aparte del artículo 203 y el numeral 8 del artículo 236 de la Constitución de la República Bolivariana de Venezuela y, en consecuencia:

1. En el ámbito de transformación de las instituciones del Estado:

Dictar normas con el objeto de actualizar y transformar el ordenamiento legal que regula a las instituciones del Estado. La idea es que estas organizaciones orienten su actuación al servicio de los ciudadanos, en forma eficaz, eficiente, honesta, participativa, simple, imparcial, racional y transparente, además de evitar el sobredimensionamiento estructural y la garantía de participación popular.

2. En el ámbito de la participación popular:

Dictar normas que establezcan los mecanismos de participación popular de la comunidad organizada en la aplicación del ordenamiento jurídico y ámbito económico y social del Estado, mediante la planificación, el control social, la inspección técnica social y la práctica del voluntariado. Se adecuará la estructura organizativa de las instituciones del Estado, para permitir el ejercicio directo de la soberanía popular.

3. En el ámbito de los valores esenciales del ejercicio de la función pública:

Dictar normas orientadas a erradicar definitivamente la corrupción, reformar el régimen funcionarial y de responsa-

bilidad personal del funcionario, así como fomentar su ética, su actualización técnica continua y su formación como servidor público.

4. En el Ámbito económico y social:

Dictar normas que adapten la legislación existente a la construcción de un nuevo modelo económico y social sustentable. Las leyes estarán destinadas a los sectores de salud, educación, seguridad social, seguridad agroalimentaria, turístico, de producción y empleo, entre otros, que permita la inserción del colectivo en el desarrollo del país, para lograr la igualdad y la equitativa distribución de la riqueza. Esto permitirá actualizar el Sistema Público Nacional de Salud y mejorar la calidad de vida de los ciudadanos y de los pueblos y comunidades indígenas, en aras de alcanzar los ideales de justicia social e independencia económica, así como las relativas a la utilización de los remanentes netos acumulados de capital.

5. En el Ámbito financiero y tributario:

Dictar normas que profundicen y adecuen el sistema financiero público y privado a los principios constitucionales y, en consecuencia, modernizar el marco regulatorio de los sectores monetario, banca, seguros, tributario e impositivo.

6. En el Ámbito de la seguridad ciudadana y jurídica:

Dictar normas destinadas a la organización y funcionamiento del sistema de seguridad ciudadana, policial y penitenciario. Se prevé establecer procedimientos eficaces, eficientes, transparentes y tecnológicamente aptos y seguros para la identificación ciudadana, el control migratorio y la lucha contra la impunidad, así como establecer procedimientos que tiendan a materializar la seguridad jurídica.

7. En el ámbito de la ciencia y la tecnología:

Dictar normas que permitan el desarrollo de la ciencia y la tecnología, a fin de satisfacer las necesidades de educación, salud, medio ambiente y biodiversidad, industrialización y calidad de vida de la población, de conformidad con los principios constitucionales.

8. En el ámbito de la ordenación territorial:

Dictar normas que establezcan una nueva distribución y ocupación de los espacios subnacionales, a los fines de que se constituya una nueva regionalización del país, para optimizar la acción del Estado, y que regulen la creación de asentamientos de las comunidades en el territorio nacional que estimulen el desarrollo endógeno.

9. En el ámbito de seguridad y defensa:

Dictar normas que establezcan la organización y funcionamiento de los asuntos relacionados con la seguridad y defensa integral de la Nación, así como la implementación de las zonas operacionales de defensa de la Nación; que desarrollen la estructura, organización y funcionamiento de la Fuerza Armada Nacional, así como lo relativo a la disciplina y carrera militar; la organización y funcionamiento del Sistema Nacional de Inteligencia y Contrainteligencia; para la regulación y supervisión de todo lo concerniente a la materia de armas y elementos conexos; y las que garanticen y desarrollen la atención integral de las fronteras.

10. En el ámbito de la infraestructura, transporte y servicios:

Dictar normas que fomenten la utilización del potencial humano e industrial y la infraestructura existente, a los fines de optimizar los sistemas de transporte terrestre, ferroviario, marítimo, fluvial y aéreo, regulando la prestación de los servicios públicos en general. Comprende la formación de un sistema para la construcción de viviendas dignas, así como el de-

sarrollo de las actividades marinas y conexas, de los espacios acuáticos e insulares, de los puertos, de las zonas costeras, y del comercio marítimo. También se dictará normas regulatorias que actualicen el sector de las telecomunicaciones y la tecnología de información, tomando en cuenta su convergencia, el servicio postal y el acceso de los ciudadanos a la Administración Pública mediante mecanismos informáticos, electrónicos y telemáticos.

11. En el ámbito energético:

Dictar normas relativas a los hidrocarburos y sus derivados, que adecuen la normativa vigente a las transformaciones del Estado; tales como, las relativas a las potestades regulatorias de supervisión y control del Ministerio del Poder Popular para la Energía y Petróleo; las concernientes a los regímenes sancionatorios, disciplinarios y de administración y recaudación de los tributos; al sistema de distribución y transporte de los productos derivados del petróleo y gas doméstico; y a las medidas de seguridad aplicables a los bienes afectos a las actividades petroleras, con especial énfasis a los tecnológicos e informáticos y a la administración e inversión de los ingresos percibidos por la República en razón de los hidrocarburos.

Dictar normas que permitan al Estado asumir directamente, o mediante empresas de su exclusiva propiedad, el control de las actividades realizadas por las asociaciones que operan en la Faja Petrolífera del Orinoco, incluyendo los mejoradores y las asociaciones de exploración a riesgo y ganancias compartidas, para regularizar y ajustar sus actividades dentro del marco legal que rige a la industria petrolera nacional, a través de la figura de empresas mixtas o de empresas de la exclusiva propiedad del Estado.

Dictar normas para reformar el Decreto Número 310 con Rango y Fuerza de Ley Orgánica de Hidrocarburos Gaseosos, a fin de adecuar el aprovechamiento, exploración, explotación e industrialización del gas a las políticas implantadas por el Ejecutivo Nacional para este sector.

Dictar normas que permita al Estado asumir directamente, o mediante empresas de su exclusiva propiedad, el control de las actividades realizadas por las empresas privadas en el sector eléctrico, por razones estratégicas, de seguridad, utilidad o bienestar social.

Dictar normas para reformar la Ley Orgánica del Servicio Eléctrico, en función de las medidas de reestructuración del sector que viene adoptando el Ejecutivo Nacional a los fines de lograr una mayor expansión y eficiencia del servicio en beneficio del pueblo.

Artículo 2. Cuando se trate de un Decreto con Rango, Valor y Fuerza de Ley, al cual el Presidente de la República le confiera carácter Orgánico, deberá remitirse, antes de su publicación en la Gaceta Oficial de la República Bolivariana de Venezuela, a la Sala Constitucional del Tribunal Supremo de Justicia, a los fines de que ésta se pronuncie sobre la constitucionalidad de tal carácter, de conformidad con lo dispuesto en el artículo 203 de la Constitución de la República Bolivariana de Venezuela.

Artículo 3. *La habilitación al Presidente de la República para dictar Decretos con Rango, Valor y Fuerza de Ley en las materias que se delegan tendrá un lapso de duración de dieciocho (18) meses para su ejercicio, contado a partir de la publicación de esta Ley en la Gaceta Oficial de la República Bolivariana de Venezuela.*

Dada, firmada y sellada en la Plaza Bolívar de la ciudad de Caracas, sede excepcional de la Asamblea Nacional, a los

> *treinta y un días del mes de enero de dos mil siete. Año 196°
> de la Independencia y 147° de la Federación.*
>
> *Firmado: Cilia Flores Presidente*
> *Desirée Santos Amaral Primer Vicepresidente*
> *Roberto Hernández W Segundo Vicepresidente*
> *Iván Zerpa Guerrero Secretario.*
>
> *Cúmplase: Palacio de Miraflores en Caracas 1 de Enero de 2007. Hugo Chjávez Frías...*

Rasgo resaltante de esta tercera ley habilitante es que Hugo Chávez la solicitó por un lapso de 12 meses, pero la Asamblea Nacional entonces presidida por Cilia Flores, en un arresto de exagerada sumisión se la concedió por más tiempo, por 18 meses.

Con esta tercera Ley Habilitante Chávez emitió 59 Decretos Ley durante los 18 meses que ejerció los poderes concedidos por la Asamblea Nacional. En aquella oportunidad Chávez legisló en los antes descritos muy diversos ámbitos económicos, sociales, financieros y tributarios, y produjo actos tales como la nacionalización de las cuatro asociaciones petroleras de la Faja del Orinoco, de la Cantv y de la Siderúrgica (Sidor), además, de los sectores eléctrico y del cemento que tantos daños y perjuicios han traído a Venezuela.

Los primeros Decretos Ley emitidos bajo esta Habilitante

Decreto Ley número 5.161 sobre la condecoración *"Orden 4 de Febrero"*

Decreto Ley número 5.189 de Reforma parcial de la Ley que establece el Impuesto al Valor Agregado (IVA)

Decreto Ley número 5.197 de Defensa Popular contra el acaparamiento y la especulación, el boicot y cualquier otra conducta que afecte el consumo de los alimentos o productos sometidos a control de precios.

Decreto Ley 5.200 de Migración a Empresas Mixtas de los Convenios de Asociación de la Faja Petrolífera del Orinoco; así como de los Convenios de Exploración a Riesgo y Ganancias Compartidas.

Decreto Ley 5.212 de Reforma Parcial del Decreto Nª 5.189 que establece el Impuesto al Valor Agregado (IVA).

Decreto Ley 5.229 de Reconversión Monetaria.

Decreto Ley 5.262 de Reforma de la Ley Orgánica de la Administración Financiera del Sector Público.

Decreto Ley de Reforma Parcial de la Ley que crea el Fondo para la Estabilización Macroeconómica.

Luego se emitieron otros Decretos Ley :

Decreto Ley de Turismo.

Decreto Ley de Transporte Ferroviario.

Decreto Ley de Seguridad y Soberanía Agroalimentaria.

Decreto Ley del Régimen Prestacional de Vivienda.

Decreto Ley de Defensa de las Personas en el Acceso a Bienes y Servicios.

Publicados en Gaceta Oficial 5889.

Decreto Ley de los espacios acuáticos.

Decreto Ley de salud agrícola integral.

Decreto Ley de recursos excedentarios.

Decreto Ley de fomento y desarrollo de la economía popular.

Decreto Ley del Bandes.

Decreto Ley de supresión y liquidación de Foncrei.

Decreto Promoción y desarrollo de la pequeña y mediana industria y unidades de propiedad social.
Decreto Ley de administración pública.
Decreto Reestructuración del INAVI.
Decreto Ley de crédito para el sector agrario.
Publicados en Gaceta Oficial 5890.
Decreto Ley de canalización y mantenimiento de las vías de navegación.
Decreto Ley de la administración financiera, sector público.
Decreto Ley de la Fuerza Armada Nacional Bolivariana.
Decreto Ley de beneficios y facilidades de pago de rubros estratégicos de alimentación.
Decreto Ley del Banco Agrícola de Venezuela.
Decreto Ley de seguridad social. Ley de simplificación de trámites administrativos. **Publicados en Gaceta 5891.**
Decreto Ley del INAVI.
Decreto Ley de Reforma de la Ley Orgánica de la Procuraduría General de la República.
Decreto Ley de Bancos y Otras Instituciones Financieras. Publicados en Gaceta 5892.

ANÁLISIS CRÍTICO DE LA TERCERA LEY HABILITANTE EXPEDIDA POR LA ASAMBLEA NACIONAL AL PRESIDENTE HUGO CHAVEZ

Como puede observarse, en esta Ley Habilitante la Asamblea Nacional ni siquiera se atuvo a la norma Constitucional (artículo 203) de "establecer las directrices, propósitos y marco de las materias que se delegan al Presidente de la República, con rango y valor de ley" sino que enumeró once "**ámbitos de habilitación**" que comprendían prácticamente todas las áreas de la acción pública, y lo hizo sin especificar objetivos, ni los instrumentos que debían crearse o modificarse por medio de los decretos ley para el cumplimiento de dichos objetivos.

En esos once "ámbitos" se mencionan sin precisión de los objetivos anunciados como por ejemplo "actualizar y transformar el ordenamiento legal que regula las instituciones del Estado, a los fines de que éstas orienten su actuación al servicio de los ciudadanos, en forma eficaz, eficiente, honesta, participativa, simple, imparcial, racional y transparente…" o el de "Dictar normas que adapten la legislación existente a la construcción de un nuevo orden económico y social sustentable para lograr la igualdad y la equitativa distribución de la riqueza…"

Esta Ley Habilitante, igual que las otras, fue indefinida en todo sentido, el único límite que contiene es el del lapso en el que estaría vigente, nada sobre las leyes o las instituciones que debían crearse o modificarse para obtener los mencionados multiobjetivos, carencias que en realidad implicaron el claro propósito de dar al presidente poderes absolutos más allá de los propios del Ejecutivo y también del Legislativo.

En esta oportunidad además de la inexistencia de razones reales para que se delegara la función legislativa, ni siquiera podría esperarse obstrucción opositora porque, como antes se dijo, la Asamblea Nacional estaba conformada exclusivamente por militantes del partido de gobierno.

CONCLUSIÓN

Al igual que en los casos anteriores, todos esos mal llamados Decretos ley están afectados por el vicio de usurpación de funciones que conllevan su nulidad.

La Asamblea Nacional incurrió en el vicio de extralimitación de atribuciones ya que invocando la facultad constitucional que para delegar la actividad legislativa que le es propia, lo hizo sin atención a las condiciones que la misma norma contiene ya que concedió una ley habilitante además de injustificada, absolutamente genérica, sin fijar el marco estricto de la materia a delegar que demarca la Constitución, y sin haber ejercido ningún control posterior a la actividad presidencial para determinar cuando menos si se había actuado dentro del amplísimo enunciado de dicha Habilitante.

Por su parte, el presidente Hugo Chávez violó disposiciones atributivas de competencia constitucional y usurpó funciones del legislativo cuando emitió esos instrumentos que denominó Decretos Ley. El funcionario incurrió en incompetencia constitucional pues constitucionalmente la habilitación no faculta para legislar indiscriminadamente sino con sujeción a estrictos límites como lo son todos los actos del poder público, límites referidos al marco de la materia expresada en la delegación, también a la causa extraordinaria que debe preceder la cesión de atribuciones e igualmente aquellos referidos a la participación ciudadana.

Esta tercera Ley Habilitante conferida al presidente Hugo Chávez violentó tanto la facultad del Poder Legislativo para dictarla, como la del Poder Ejecutivo para solicitarla y para ejecutarla, infectando así de nulidad todo lo actuado al respecto tal como infectadas están las dos que le precedieron.

CAPITULO 8

CUARTA LEY HABILITANTE A HUGO CHÁVEZ

AÑO 2010. Ley Habilitante publicada en Gaceta Oficial Extraordinaria N° 6.009 de fecha 17 de Diciembre del año 2010

En diciembre de 2010, luego de una intensa temporada de lluvias que dejaron como saldo miles de damnificados, Hugo Chávez solicitó la aprobación de una ley habilitante alegando que era para atender la emergencia. En aquel momento explicó que las decisiones que tomaría a través de este instrumento legal se enfocarían principalmente en el área económica y productiva. La solicitud fue aprobada para una vigencia de 18 meses repitiendo el exceso de la anterior donde se delegó las funciones legislativa por más del año que le correspondía a la Asamblea hacerlo en el año que corresponde a cada período de gestión. En esta oportunidad el presidente dictó 54 Decretos Ley.

Esta nueva habilitante se compone de 4 artículos entre los cuales se enunciaron 9 "ámbitos", que como ocurrió en los casos anteriores, fueron de los más extensos e ilimitados que pueda concebirse para burla de la Constitución.

Este es el texto:

LA ASAMBLEA NACIONAL DE LA REPÚBLICA BOLIVARIANA DE VENEZUELA
DECRETA
La siguiente
LEY QUE AUTORIZA AL PRESIDENTE DE LA REPÚBLICA PARA DICTAR DECRETOS CON

RANGO, VALOR Y FUERZA DE LEY EN LAS MATERIAS QUE SE DELEGAN

Artículo 1. *Se autoriza al Presidente de la República para que, en Consejo de Ministros, dicte Decretos con Rango, Valor y Fuerza de Ley, de acuerdo con las directrices, propósitos y marco de las materias que se delegan en esta Ley, de conformidad con el último aparte del artículo 203 y el numeral 8 del artículo 236 de la Constitución de la República Bolivariana de Venezuela y, en consecuencia:*

1. En el ámbito de la atención sistematizada y continua a las necesidades humanas vitales y urgentes derivadas de las condiciones sociales de pobreza y de las lluvias, derrumbes, inundaciones y otros eventos producidos por la problemática ambiental:

a. Dictar normas que regulen los modos de proceder de autoridades públicas o entidades privadas, ante calamidades, emergencias, catástrofes u otros hechos naturales que exijan medidas inmediatas de respuesta y atención para satisfacer las necesidades humanas vitales. Las normas promoverán la participación popular en la ejecución de las medidas destinadas a asistir a los ciudadanos o ciudadanas en situación de calamidad, garantizándoles el restablecimiento integral de las condiciones básicas que contribuyan al buen vivir.

b. Dictar normas que regulen el establecimiento y ejecución efectiva, de condiciones de prevención y seguimiento en aquellas zonas declaradas en emergencia, calamidad o alta afectación por eventos o infortunios producto de las fuerzas de la naturaleza. Igualmente, las normas establecerán el régimen especial de administración de las zonas así declaradas.

c. Dictar medidas que permitan desarrollar de manera equitativa, justa, democrática y participativa los derechos de la familia venezolana para su buen vivir.

2. En el ámbito de la infraestructura, transporte y servicios públicos:

a. Dictar o reformar normas que regulen la actuación de los órganos y entes del Estado y personas de derecho privado, en la realización de obras de infraestructura, tales como urbanismos, servicios, edificaciones educativas y de salud, vialidad, puertos, aeropuertos y para la optimización de los sistemas de transporte terrestre, ferroviario, marítimo, fluvial y aéreo, regulando la prestación de los servicios públicos en general.

b. Dictar y reformar normas regulatorias en el sector de las telecomunicaciones y la tecnología de información, los mecanismos públicos de comunicaciones informáticas, electrónicas y telemáticas.

3. En el ámbito de la vivienda y hábitat:

Dictar o reformar normas que regulen la actuación de los órganos y entes del Estado y personas de derecho privado, en la construcción de viviendas, estableciendo dispositivos destinados a garantizar el derecho a una vivienda adecuada, segura, cómoda, higiénica, con servicios básicos esenciales que incluyan un hábitat que humanice las relaciones familiares, vecinales y comunales, y permitir el acceso de las familias a los medios económicos, a través de aportes y financiamiento tanto público como privado, para la construcción, ampliación, remodelación y adquisición de viviendas y sus enseres, elevando la condición de vida y el bienestar colectivo.

4. En el ámbito de la ordenación territorial, el desarrollo integral y del uso de la tierra urbana y rural:

a--*Dictar o reformar normas que permitan diseñar una nueva regionalización geográfica del país con la finalidad de reducir los altos niveles de concentración demográfica en algunas regiones, regular la creación de nuevas comunidades y la conformación de las comunas en los distintos espacios del territorio nacional, atendiendo las realidades propias de cada espacio geográfico y sus características políticas, sociales, económicas, poblacionales, naturales, ecológicas, y culturales, estimulando el desarrollo social, económico y rural integral y de manera especial en la atención a la definición de los territorios y el hábitat de los pueblos indígenas.*

b--*Dictar medidas que permitan establecer una adecuada ordenación del uso social de las tierras urbanas y rurales susceptibles de ser desarrolladas con servicios básicos esenciales y hábitatue humanice las relaciones comunitarias.*

5. En el ámbito financiero y tributario:

a. *Dictar o reformar normas para adecuar el sistema financiero público y privado a los principios constitucionales y, en consecuencia, modernizar el marco regulatorio de los sectores tributario, impositivo, monetario, crediticio, del mercado de valores, de la banca y de los seguros.*

b. *Dictar o reformar normas para la creación de fuentes y fondos especiales a fin de atender las contingencias naturales y sociales y las posteriores políticas de reconstrucción y transformación.*

6. En el ámbito de la seguridad ciudadana y jurídica:

Dictar o reformar normas destinadas a la organización y funcionamiento del sistema de seguridad ciudadana, del sis-

tema policial y de protección civil; establecer procedimientos eficaces, eficientes, transparentes y tecnológicamente aptos y seguros para la identificación ciudadana y el control migratorio, y la lucha contra la impunidad, así como establecer normas que prevean las sanciones que deban aplicarse en caso de comisión de hechos punibles y los procedimientos tendentes a materializar la seguridad jurídica.

7. En el ámbito de seguridad y defensa integral:

Dictar o reformar normas que establezcan la organización y funcionamiento de las instituciones y los asuntos relacionados con la seguridad y defensa integral de la Nación, que desarrollen las normas relativas a la Fuerza Armada Nacional Bolivariana y al sistema de protección civil, así como lo atinente a la disciplina y carrera militar; todo lo concerniente a la materia de armas y elementos conexos, su regulación y supervisión; y las que garanticen y desarrollen la atención integral a las fronteras.

8. En el ámbito de la cooperación internacional:

Dictar o reformar normas e instrumentos destinados a fortalecer las relaciones internacionales de la República, la integración latinoamericana y caribeña la solidaridad entre los pueblos en la lucha por el bienestar de la humanidad, y los instrumentos legales que aprueben los tratados y convenios de carácter internacional que así lo requieran; así como la autorización al Ejecutivo Nacional para la celebración de los contratos de interés público y aquellos contratos y acuerdos de carácter bilateral o multilateral destinados a la atención de los sectores estratégicos para el desarrollo de la Nación y la atención a las consecuencias de las calamidades y catástrofes mediante el financiamiento internacional, todo ello en el marco de la soberanía y de los intereses del pueblo venezolano.

9. En el ámbito del sistema socio económico de la Nación:

Dictar o reformar normas que desarrollen los derechos consagrados en el título VI de la Constitución de la República Bolivariana de Venezuela, para erradicar las desigualdades entre los ciudadanos y ciudadanas que se derivan de la especulación, la usura, la acumulación del capital, los monopolios, oligopolios y latifundios y para crear las condiciones de igualdad en el acceso a la riqueza nacional, y la construcción del buen vivir de los pueblos urbanos, rurales y de las comunidades indígenas, a través de políticas culturales, ambientales, industriales, mineras, turísticas, alimentarias, agrícolas, de salud, educativas y laborales en aras de alcanzar los ideales de justicia social e independencia económica y la mayor suma de felicidad social posible.

Artículo 2. *Cuando se trate de un Decreto con Rango, Valor y Fuerza de Ley, al cual el Presidente de la República le confiera carácter Orgánico, deberá remitirse, antes de su publicación en la Gaceta Oficial de la República Bolivariana de Venezuela, a la Sala Constitucional del Tribunal Supremo de Justicia, a los fines de que ésta se pronuncie sobre la constitucioanlidad de tal carácter, de conformidad con lo dispuesto en el artículo 203 de la Constitución de la República Bolivariana de Venezuela.*

Artículo 3. *La habilitación al Presidente de la República para dictar Decretos con Rango, Valor y Fuerza de Ley en las materias que se delegan tendrá un lapso de duración de dieciocho (18) meses para su ejercicio, contado a partir de la publicación de esta Ley en la Gaceta Oficial de la República Bolivariana de Venezuela.*

Artículo 4. *La presente Ley entrará en vigencia a partir de su publicación en la Gaceta Oficial de la República Bolivariana de Venezuela.*

Dada, firmada y sellada en el Palacio Federal Legislativo, sede de la Asamblea Nacional, en Caracas a los diecisiete días del més de Diciembre de dos mil diez. Año 200° de la Independencia y 151° de la Federación.

ANÁLISIS CRÍTICO DE LA CUARTA LEY HABILITANTE EXPEDIDA POR LA ASAMBLEA NACIONAL AL PRESIDENTE HUGO CHÁVEZ

En el mes de Diciembre de 2.010 Hugo Chávez anunció que pediría esta Ley Habilitante para enfrentar el problema de la temporada de lluvias que causaron grandes inundaciones en el país, y afirmó que necesitaba emitir con carácter de urgencia varios decretos ley. Esto dijo: *"Hay un conjunto de leyes, de decretos leyes, que quiero dictar y que necesito dictar el 22, 23, 24, 25 de diciembre en plena Navidad, 1 de enero, 31 de diciembre, no hay tiempo que perder"*. Hugo Chávez pidió esa Ley habilitante para una vigencia de 12 meses, pero como se hizo costumbre, se la aprobaron por 18 meses, un tiempo que excedía el lapso de vigencia de dicha Asamblea y sobre la cual ya no tendría la mayoría calificada de tres quintas partes exigidas en el artículo 203 constitucional.

La nueva Asamblea, ya elegida en el mes de Septiembre de ese año, comenzaría sus funciones en el mes de Enero del siguiente 2.011. Es decir, aquella Asamblea Nacional emitió una autorización a Hugo Chávez para que ejerciera funciones legislativas después de su propia existencia legal, y además calculadamente para que interfiriera en la oportunidad en la que se celebrarían las elecciones presidenciales del siguiente año 2012.

Las más disímiles materias quedaron comprendidas en aquella abusiva habilitación dada por un parlamento ya feneciendo en su lapso de vida, extendiendo su poder de modo *post morten*, y extendido a ámbitos tales como infraestructuras, transporte y servicios públicos, vivienda, ordenación territorial, desarrollo integral y uso de tierras urbanas y rurales, así como en el campo financiero y tributario, turismo, policía, trabajo, seguridad ciudadana y jurídica, defensa, cooperación internacional y sistema socioeconómico. En total Chávez en esa oportunidad dictó 54 Decretos Ley.

DECRETOS LEY EMITIDOS POR HUGO CHAVEZ EN ESTA OPORTUNIDAD

Decreto Ley Orgánica de Creación del Fondo Simón Bolívar para la Reconstrucción.

Decreto Ley Especial de Refugios dignos para Proteger a la Población, en casos de emergencias o desastres.

Decreto Ley de Atención al Sector Agrícola.

Decreto Ley de Reforma Parcial de la Ley Orgánica de Creación de la Comisión Central de Planificación.

Decreto Ley Orgánica de Emergencia para Terrenos y Vivienda.

Se corrige por error material el Decreto 8.005, publicado en la Gaceta Oficial de la República Bolivariana de Venezuela N° 6.018 Extraordinario, de fecha 29 de enero de 2011.

Decreto Ley de Reforma Parcial de la Ley de Instituciones del Sector Bancario.

Decreto Ley Orgánica de Reforma de la Ley Orgánica de la Fuerza Armada Nacional Bolivariana.

Decreto Ley del Régimen de Propiedad de las Viviendas de la Gran Misión Vivienda Venezuela.

Decreto Ley que Crea Contribución Especial por Precios Extraordinarios y Precios Exorbitantes en el Mercado Internacional de Hidrocarburos.

Decreto Ley de Reforma parcial de la Ley de Alimentación para los trabajadores y trabajadoras.

Decreto Ley de Reforma parcial de la Ley Orgánica del Trabajo.

Decreto Ley Contra el Desalojo y la Desocupación Arbitraria de Viviendas.

Decreto Ley para la dignificación de trabajadores y trabajadoras residenciales.

Decreto Ley de Secularización Integral de la tenencia de tierra de los asentamientos urbanos y periurbanos.

Decreto Ley de supresión y liquidación del Fondo para el Desarrollo Endógeno.

Decreto Ley por el cual se declara Estado de Emergencia por un lapso de 90 días como consecuencia de las intensas y recurrentes lluvias acaecidas en todo el territorio nacional y, especialmente en dicha entidad regional.

Decreto Ley de Tasas Portuarias.

Decreto Ley para la transformación y reconstrucción integral de la región de Barlovento en el Estado Miranda.

Decreto Ley del Banco Agrícola de Venezuela C.A.

Decreto Ley de Costos y Precios Justos.

Decreto Ley de corrección del Decreto Ley 8.330 del Banco Agrícola de Venezuela C.A.

Decreto Ley donde se ordena reimprimir por fallas en originales el Decreto Ley del Banco Agrícola de Venezuela.

Decreto Ley de Reforma parcial de la Ley Orgánica de la Administración Financiera del Sector Público

Decreto Ley que reserva al Estado las Actividades de Exploración y Explotación del Oro, así como las conexas y auxiliares de éstas.

Decreto Ley mediante el cual se dicta el Decreto de Ley Orgánica de Dependencias Federales.

Decreto Ley de Creación del Territorio Insular Francisco de Miranda.

Decreto Ley que autoriza la creación de fondos en las instituciones bancarias del sector público para el financiamiento de la adquisición y reparación de viviendas en condición de arrendamiento.

Decreto Ley para la Gran Misión Hijos de Venezuela.

Decreto Ley Gran Misión En Amor Mayor Venezuela.

Decreto Ley de Reforma Parcial del Decreto Ley Orgánica que reserva el Estado las actividades de exploración del oro, así como las conexas y auxiliares de éstas.

Decreto Ley especial de reincorporación a la carrera militar y al sistema de seguridad social de la Fuerza Armada Nacional Bolivariana.

Decreto Ley Orgánica del Consejo de Estado.

Decreto Ley del Fondo Ezequiel Zamora para el fortalecimiento y financiamiento de la Gran Misión Agro Venezuela.

Decreto Ley de Reforma del Decreto Ley que crea contribución especial para precios extraordinarios y precios exorbitantes en el mercado internacional de hidrocarburos.

Decreto Ley de creación de CORPOLARA.

Decreto Ley de Reforma parcial del Decreto Ley Orgánica de creación del Fondo Simón Bolívar para la reconstrucción.

Decreto Ley de Reforma parcial del Decreto Ley de creación del Fondo Simón Bolívar para la reconstrucción.

Decreto Ley mediante el cual se crea el Consejo Nacional para el Desarrollo de las Comunidades afrodescendientes de Venezuela, con carácter permanente.

Decreto Ley de Reforma parcial de la Ley Orgánica de la Administración Financiera del sector público.

Decreto Ley de crédito para el sector manufacturero.

Decreto Ley de reforma parcial de la ley del Seguro Social.

Decreto Ley relativa al Fondo de Ahorro Nacional de la Clase Obrera y al Fondo de Ahorro Popular.

Decreto Ley orgánica del trabajo, los trabajadores y las trabajadoras.

Decreto Ley de atención al sector agrícola.

Decreto Ley del Fondo Nacional para edificaciones penitenciarias.

Decreto Ley Orgánica de bienes públicos.

Decreto Ley del Código Orgánico Procesal Penal.

Decreto Ley Orgánico para la gestión comunitaria de competencias, servicios y otras atribuciones.

Decreto Ley Orgánica de Turismo.

Decreto Ley Orgánica del Servicio de la Policía de Investigación, el Cuerpo de Investigaciones Científicas, Penales y Criminalísticas y el Instituto Nacional de Medicina y Ciencias Forenses.

Decreto Ley del Estatuto de la función de la policía de investigación.

Decreto Ley de la Gran Misión Saber y Trabajo.

Decreto Ley de Reforma Parcial del Decreto Ley del Régimen de Prestaciones de Vivienda y Hábitat.

Decreto Ley de atención al sector agrario.

Decreto Ley para la determinación del justiprecio de bienes inmuebles en los casos de expropiaciones de emergencia con fines de poblamiento y habitabilidad.

Decreto Ley sobre acceso e intercambio electrónico de datos, información y documentos entre los órganos y entes del Estado.

Decreto Ley que promueve y regula las nuevas formas asociativas conjuntas entre el Estado, la iniciativa comunitaria y privada para el desarrollo de la economía nacional.

Decreto Ley especial del Fondo Nacional de prestaciones sociales.

CONCLUSIÓN

Al igual que en los casos anteriores, todos esos mal llamados Decretos ley están afectados por el vicio de usurpación de funciones que conllevan su nulidad.

La Asamblea Nacional incurrió en el vicio de extralimitación de atribuciones ya que invocando la facultad constitucional que para delegar la actividad legislativa que le es propia, lo hizo sin atención a las condiciones que la misma norma contiene ya que concedió una ley habilitante además de injustificada, absolutamente genérica, sin fijar el marco estricto de la materia a delegar que demarca la Constitución, y sin haber ejercido ningún control posterior a la actividad presidencial para determinar cuando menos si se había actuado dentro del amplísimo enunciado de dicha Habilitante.

Por su parte, el presidente Hugo Chávez violó disposiciones atributivas de competencia constitucional y usurpó funciones del legislativo cuando emitió esos instrumentos que denominó Decretos Ley. El funcionario incurrió en incompetencia constitucional pues constitucionalmente la habilitación no faculta para legislar indiscriminadamente sino con sujeción a estrictos límites como lo son todos los actos del poder público, límites referidos al marco de la materia expresada en la delegación, también a la causa extraordinaria que debe preceder la cesión de atribuciones e igualmente aquellos referidos a la participación ciudadana.

Esta cuarta Ley Habilitante conferida al presidente Hugo Chávez violentó tanto la facultad del Poder Legislativo para dictarla, como la del Poder Ejecutivo para solicitarla y para ejecutarla, infectando así de nulidad todo lo actuado al respecto tal como infectadas están las tres que le precedieron.

CAPITULO 9

LEYES HABILITANTES APROBADAS A NICOLÁS MADURO

A Nicolás Maduro le fueron aprobadas dos leyes habilitantes a las cuales les dio sus respectivas denominaciones políticas, a saber:

PRIMERA LEY HABILITANTE OTORGADA A NICOLÁS MADURO:
"LEY HABILITANTE CONTRA LA CORRUPCIÓN"
Habilitante del año 2013 con la cual emitió 56 Decretos-Leyes entre las que destacaron normas que fijaron límites a las ganancias de las empresas, la distribución de alimentos e impuestos específicos a la renta y al consumo.

Denominada por el oficialismo contra *"La Habilitante contra la Corrupción"*, Nicolás Maduro envió a Diosdado Cabello en su condición de Presidente de la Asamblea Nacional un texto del Proyecto de la Habilitante solicitada, precedido de una carta explicativa que termina con consignas propias de su activar partidista para pasar a una *"Exposición de Motivos"* cargada de lugares comunes y citas a Simón Bolívar que hemos creído necesario transcribir textualmente para que se haga el contraste de dichos propósitos que se declararon con la verdad de la situación que entonces se vivía y la que con posterioridad se continuó.

Esta solicitud no guarda formas de petición sino de una orden ya que desde el Ejecutivo se escribe hasta el texto de lo que el parlamento debiera agregarle al proyecto.

Carta de remisión de la Exposición de Motivos y del Proyecto:

Miraflores, 8 de octubre de 2013
 Compatriota
 DIOSDADO CABELLO RONDÓN
 Presidente de la Asamblea Nacional
 Presente. –
 Señor Presidente:
 Reciba un saludo Bolivariano, Revolucionario, Socialista y Chavista, que le pido haga extensivo a todos los Diputados y las Diputadas de nuestra Asamblea Nacional.

Sirva el presente para elevar oficialmente ante esa instancia legislativa, la Exposición de Motivos y Proyecto de la LEY QUE AUTORIZA AL CIUDADANO PRESIDENTE DE LA REPÚBLICA PARA DICTAR DECRETOS CON RANGO VALOR Y FUERZA DE LEY EN LA : MATERIA QUE SE DELEGAN, de conformidad con lo establecido en e l Artículo 203 de la Constitución de la República Bolivariana de Venezuela y en el numeral 8 del Artículo 236 ejusdem.

La presente solicitud, obedece a la imperiosa necesidad de la construcción de un sistema de gobierno popular que permita el aceleramiento y recuperación de la economía nacional, la operación eficiencia o nada y la lucha contra la corrupción, consagrando el deber de forjar la cultura humanista en todos los ámbitos y así dignificar al servidor público, haciéndolo cada vez más útil en el desempeño de sus funciones en especial el apego a los principios de solidaridad, honestidad, responsabilidad, vocación de trabajo, amor al prójimo, voluntad de superación y de lucha por la Liberación Nacional de la Patria, inspirados en la ética y la moral socialista.

Así mismo, dentro de los aspectos fundamentales de este proyecto podernos resaltar, entre otros; las reformas de los instrumentos legales destinados a profundizar y fortalecer los mecanismos de sanción penal, administrativa, civil y disciplinaria para evitar lesiones o el manejo inadecuado del patrimonio público y prevenir hechos de corrupción, para garantizar y proteger los intereses del Estado y del Pueblo en sus diferentes niveles de Gobierno y Poder Popular.

Finalmente, es urgente la necesidad de aprobar una Ley Habilitante, qu e faculte al Presidente de la República Bolivariana, de Venezuela para dictar Decretos. con Rango, Valor y Fuerza de Ley en las materias contra la corrupción y guerra económica desatada contra la Patria.

Siendo propicia la ocasión, permítame transmitirle a usted y a todos los Diputados y Diputadas que conforman el Poder Legislativo de l a República, mi más sincero agradecimiento, consideración y estima.

¡¡¡Chávez vive, la Patria sigue!!!,
¡¡¡Hasta la Victoria Siempre!!!,
¡¡¡Independencia y Patria Socialista!!!
¡¡¡Viviremos y Venceremos!!!
NICOLÁS MADURO MOROS
PRESIDENTE LA REPÚBLICA BOLIVARIANA DE. VENEZUELA
EXPOSICIÓN DE MOTIVOS DE LA LEY HABILITANTE

Venezuela, corno Estado Democrático y Social de Derecho y de Justicia, propugna como valores superiores a s u ordenamiento jurídico y de su actuación, la vida, la libertad ; l a justicia, la igualdad, la solidaridad, la democracia, l a respon-

sabilidad social y en general, la preeminencia de lo s derechos humanos, la ética y el pluralismo político ; por l o tanto, el Estado garantiza la defensa y el desarrollo de l a persona y el respeto a su dignidad ; el ejercicio democrático de la voluntad popular, la constitución de una sociedad justa , amante de la paz, la promoción de la prosperidad y bienestar del pueblo, y la garantía del cumplimiento de. los. principios, derechos y deberes reconocidos y consagrados en la Constitución de la República Bolivariana de Venezuela.

El Estado venezolano tiene cómo deber ineludible el fortalecimiento y la consolidación de las instituciones, que garanticen la protección plena del patrimonio público y el fomento de los valores y principios éticos y morales en la Administración Pública, de manera que los servidore s públicos en el ejercicio dé sus funciones estén orientados hacia una visión que asegure, de manera absoluta, el respeto y acatamiento de las disposiciones jurídicas y éticas, para satisfacer las necesidades del Pueblo venezolano

Para garantizar los derechos constitucionales e inspirado en El Libertador Simón Bolívar cuando dijo: "Mi constancia y mis deseos por el bien de la Patria me harán emprenderlo todo, y trabajaré incesantemente por él, sin reparar en las dificultades", es por lo que el Presidente de la República solicita ante la Asamblea Nacional, de conformidad con los artículos 236 numeral 8 y 203 último aparte de la Carta Magna, Poderes Habilitantes, en materia contra la corrupción y contra la guerra económica que acecha a la Patria, donde se establezcan las directrices; propósitos y marco de las materias que se delegan con rango y valor de ley, dentro de un plazo fijado para el ejercicio de esa facultad especial.

Tomando en consideración lo establecido en el PLAN DE L A PATRIA, concebido por el Comandante Eterno,

Presidente Hugo Chávez Frías y en las 12 LINEAS ESTRATÉGICAS DE TRABAJO, que incluyen la construcción de un sistema de gobierno popular, la consolidación y aceleramiento de la recuperación de la economía nacional, la operación eficiencia o nada. y la lucha contra la corrupción, consagrando l a necesidad de forjar la cultura humanista de servicio público en todos los ámbitos y así dignificar al servidor público, haciéndolo cada vez más útil en el. desempeño de su s funciones; de esta manera resaltan los valores tradicionales del Pueblo venezolano, en especial el apego a los principios de solidaridad, honestidad, responsabilidad, vocación de trabajo, amor al prójimo, voluntad de superación y de lucha por la Liberación Nacional de la Patria y los Pueblos Indoamericanos y Afrodescendientes; mediante su promoción permanente y a través de los medios disponibles para combatir tos antivalores que fomentan el individualismo, la explotación del hombre por el hombre, el mercantilismo, el consumismo y la acumulación perversa de capitales, propios del depredador sistema capitalista. Todo ello, con la finalidad de profundizar y ejecutar los mecanismos de sanción penal, administrativa, civil y disciplinaria, según sea el caso, para los que incurran en ineficiencia administrativa, política y en hechos de corrupción, así como en conductas que atenten contra el sistema económico.

El Estado se ve en la necesidad de reforzar el acervo moral del Pueblo venezolano mediante la promoción de los valore s del socialismo bolivariano, la ética, la moral, la formación y autóformación humanista, la disciplina consciente basada en la crítica y la autocrítica, la práctica de la solidaridad y e l amor, la consciencia del deber social y la lucha contra la corrupción y el burocratismo, á través de la contraloría social como estrategia para el ejercicio de la potestad y la capacidad del pueblo, que permita, supervisar la gestión de los órganos y entes de la Administración Pública, en el manejo de los fondos públicos, en la eficiencia revolucionaria a y en el alcance de las metas de gestión pública.

Resaltemos el tema de la corrupción:

¿Qué es la corrupción? Tal pregunta nos obliga, en primer término, a una breve exploración lingüística. El magnífico Diccionario de Uso del Español de María Moliner dice que es la acción de corromper o corromperse y remite también la palabra a soborno. Y en la entrada referida al verbo corromper en su cuarta acepción, la que aquí nos interesa, define: Quebrantar la moral de la administración pública y de los a funcionarios.

Recordemos que en el lenguaje coloquial hablamos de quebrantos de salud o de tener la salud quebrantada. La corrupción es, entonces, una enfermedad que afecta a la salud pública, al cuerpo social en su conjunto. A propósito, aquel gran teórico político que fue Nicolás Maquiavelo decía : Un miembro gangrenado no se cura con agua de lavanda: se corta. En un sentido similar, el Libertador Simón Bolívar sentenciaba: Las gangrenas no se curan con paliativos. Es claro que tanto Maquiavelo como Bolívar se refieren a situaciones de descomposición que requieren actuar políticamente de forma radical, tajante, para hallar el remedio que permita la plena recuperación de la salud pública. Si no existe salud pública, una República marcha indefectiblemente hacia su disolución. Preservar la salud pública es un asunto de vida o muerte para una República: no hay medias tintas

En este sentido, un 12 de enero de 1824, desde Lima, el Libertador dio a conocer un nuevo decreto de guerra a muerte. Pero, esta vez, contra la corrupción. Simón Bolívar era un enemigo acérrimo de la corrupción administrativa y un firme y frontal defensor de la probidad y la transparencia en el uso de los dineros públicos, de la Ética republicana con E mayúscula. Bolívar era un celoso practicante de la virtud republicana: pensaba y actuaba orientado por el principio de que nada está por encima del bien común. Conviene que nos detengamos en este documento del Padre Bolívar para reimpulsar radicalmente la guerra a muerte contra la corrupción en todos los terrenos. Ciertamente, el peculado, como delito, tiene hondas raíces históricas entre nosotros, pero ello no significa que nos resignemos como si se tratara de una fatalidad de la que nunca podremos desprendernos. Antes por el contrario, debemos tocar el alma nacional, el espíritu popular para que, entre todas y todos, batallemos si n descanso hasta que logremos extirpar este mal de raíz.

En el inicio del decreto, Bolívar plantea con absoluta claridad, directamente y sin ambages, el problema en toda su gravedad. Igualmente, plantea la necesidad de correctivos que no podían ser sino radicales:

Teniendo presente: 1.-Que una de las principales causas de los desastres en que se ha visto envuelta la República, ha sido la escandalosa dilapidación de sus fondos, por algunos funcionarios que han intervenido en ellos; 2.-Que el único medio de extirpar radicalmente este desorden, es dictar medidas fuertes y extraordinarias, he venido en decretar,...

Artículo 1.- Todo funcionario público, a quien se le convenciere en juicio sumario de haber malversado o tomado para sí de los fondos públicos de diez pesos arriba, queda sujeto a la pena capital: Artículo 2.- Los Jueces a quienes, según la ley, compete este juicio, que en su caso no procedieren conforme a este decreto, serán condenados a la misma pena. Artículo 3.- Todo individuo puede acusar a los funcionarios públicos del delito que indica el artículo 1. Artículo 4. Se fi-

jará este decreto en todas las oficinas de la República, y se tomará razón de él en todos los despachos que se libraren a los funcionarios que de cualquier modo intervengan en el manejo de los fondos públicos. imprímase, publíquese y circúlese.

Comentando este Decreto en su libro El Libertador y la probidad administrativa (1984), nos dice el Maestro Luis Beltrán Prieto Figueroa con acendrado espíritu bolivariano: *No es suficiente propalar las ideas de Bolívar sino seguirlas y ejecutarlas, No se trata de aplicar la pena de muerte física. Se requiere una muerte civil y la condena pública por un pueblo de elevado espíritu cívico y de conducta moral intachable, que es el único juez inexorable, capaz de sepultar en el oprobio a los funcionarios deshonestos.*

La nueva institucionalidad está cotidianamente amenazada por un alto grado de entropía que no hemos logrado revertir. Necesario es que la corrupción deje de ser percibida cómo normal en la vida política de nuestra Patria y para ello es decisivo combatirla en todos los terrenos, desmontar todos sus entramados y desmontar las condiciones que la propician. Estamos obligados a revertir definitivamente la lógica de sentido que hace que la corrupción se reproduzca cada día. Y sólo con una extrema severidad en el castigo contra la delincuencia de cuello blanco, estaremos en el camino correct.

A grandes males, grandes remedios. Si la corrupción desborda los mecanismos institucionales, es imperativo fortalecerlos: Desde la mitad del siglo pasado, todos los presidentes venezolanos han tenido Poderes Extraordinarios. **De acuerdo con el numeral 8 del artículo 236 de la Constitución, esta Ley Habilitante que se solicita debe conferir al Presidente de la República poderes para legislar por decreto, entre otras materias, en la de la corrupción. Vergüenza para quien se oponga.**

Necesitamos de una sólida legalidad que nos permita actuar sin dilación para impedir que los corruptos y corruptores sigan desangrando a Venezuela.

Es por ello la urgente necesidad de aprobar una Ley Habilitante, que faculte al Presidente de la República Bolivariana de Venezuela para **dictar Decretos con Rango , Valor y Fuerza de Ley en las materias contra la corrupción y guerra económica** desatada contra la Patria, de la siguiente manera:

LA ASAMBLEA NACIONAL DE LA REPÚBLICA BOLIVARIANA DE VENEZUELA

Decreta

LEY QUE AUTORIZA AL PRESIDENTE DE LA REPÚBLIC A PARA DICTAR DECRETOS CON RANGO, VALOR Y FUERZA DE LEY EN LAS MATERIAS QUE SE DELEGAN

Artículo 1. *Se autoriza al Presidente de- la República para que, en Consejo de Ministros, dicte Decretos con Rango, Valor y Fuerza de Ley, de acuerdo con las. directrices, propósitos y marco de las materias que se delegan en esta Ley, de conformidad con el último aparte del articulo 203 y el numeral 8 del artículo 236 de la Constitución de la República Bolivariana de Venezuela y, en consecuencia :*

1. En el ámbito de la lucha contra la corrupción:

  a) Dictar y/o reformar normas e instrumentos destinados a fortalecer los valores esenciales del ejercicio de la función pública, tales como, solidaridad, honestidad, responsabilidad, vocación de trabajo, amor al prójimo, voluntad de superación, lucha por la emancipación y el proceso de liberación nacional, inspirado en la ética y la moral socialista, la disciplina consciente, la conciencia del deber social y la lucha contra la corrupción y el burocratismo, todo ello, en aras de garantizar y proteger los intereses del Estado en sus diferentes niveles de gobierno.

b) *Dictar y/o reformar normas destinadas a profundizar y fortalecer los mecanismos de sanción penal, administrativa, civil y disciplinaria para evitar lesiones o el manejo inadecuado del patrimonio público y prevenir hechos de corrupción.*

c) *Dictar normas contra la legitimación de capitales.*

d) *Establecer mecanismos estratégicos de lucha contra aquellas potencias extranjeras que pretendan destruir la Patria en lo económico, político y mediático.*

e) *Combatir el financiamiento ilegal de los partidos políticos.*

f) *Establecer normas que eviten y sancionen la fuga de divisas.*

g) *Emitir disposiciones en defensa de moneda nacional a fin de contravenir el ataque a la misma*

h) *Fortalecer el Sistema financiero nacional.*

2. En el ámbito de la defensa de la economía :

a) *Dictar y/o reformar leyes que consoliden los principios de justicia social, eficiencia , equidad, productividad, solidaridad, a los fines de asegurar el desarrollo humano integral, una existencia digna y provechos a para el pueblo venezolano y lograr de este modo la mayor suma de felicidad y el buen vivir*

b) *Dictar y/o reformar las normas que establezcan los lineamientos y estrategias para la planificación, articulación, organización y coordinación de los procedimientos, especialmente en materia de producción, importación, distribución y comercialización de los alimentos, materia prima y artículos de primera necesidad, que deben se-*

guir los órganos y entes del Estado involucrados, garantizando la seguridad y soberanía alimentaria.

c) *Dictar y/o reformar las normas y/o medidas destinadas a planificar, racionalizar y regular la economía, como medio para propulsar la transformación del sistema económico y defender la estabilidad económica para evitar la vulnerabilidad de la economía; así como, velar por la estabilidad monetaria y de precios, y el desarrollo armónico de la economía nacional con el fin de generar fuentes de trabajo, alto valor agregado nacional, elevar el nivel de vida de nuestro pueblo y fortalecer la soberanía económica del país, para de este modo, garantizar la seguridad jurídica, la solidez, el dinamismo, la sustentabilidad, la permanencia y la equidad del crecimiento económico, en aras de lograr una justa distribución de la riqueza para atender los requerimientos y las necesidades más sentidas de l pueblo venezolano.*

d) *Fortalecer la lucha contra el acaparamiento y la especulación que afectan la economía nacional.*

e) *Regular lo concerniente a las solicitudes de divisas a objeto de evitar el uso contrario para él fin solicitado.*

f) *Garantizar el derecho del Pueblo a tener bienes y servicios, seguros, de calidad y a precios justos.*

Artículo 2. *Cuando se trate de un Decreto con Rango, Valor y Fuerza de Ley, al cual el Presidente de la República le confiera carácter Orgánico y no sea calificado como tal por la Constitución de la República, deberá remitirse antes de su publicación en la Gaceta Oficial de la República Bolivariana de Venezuela, a la Sala Constitucional del Tribunal Supremo de Justicia, a los fines de que ésta se pronuncie sobre la constitucionalidad de tal carácter, de conformidad con lo dis-*

puesto en el artículo 203 de la Constitución de la República Bolivariana de Venezuela.

Artículo 3. La habilitación al Presidente de la República para dictar Decretos con Rango, Valor y Fuerza de Ley en las materias que se delegan tendrá un lapso de duración de doce (12) meses, para su ejercicio, contados a partir de la publicación de esta Ley en la Gaceta Oficial de la República Bolivariana de Venezuela.

Artículo 4. La presente Ley entrará en vigencia a partir de su publicación en la Gaceta Oficial de la República Bolivariana de Venezuela.

Dada, firmada y sellada en el Palacio Federal Legislativo, sede de la Asamblea Nacional, en Caracas, a los ocho (08) días del mes de Octubre de dos mil trece. Año 203° de la Independencia y 154° de la Federación y 14° de la Revolución Bolivariana.

Firmado
Nicolás Maduro Moros
8/10/2013 [9]

SE APROBÓ EL INSTRUMENTO ESCRITO POR MADURO

Solícitamente esta Ley Habilitante fue aprobada exactamente como se escribió el proyecto antes transcrito, se le dio entonces carácter de ley, y una vez aprobada en la Asamblea Nacional fue publicada en Gaceta Oficial Extraordinaria N° 6.112 de fecha 20 de Noviembre del año 2013.

En esta oportunidad el presidente Nicolás Maduro emitió 50 Decretos Ley que fueron mucho más allá de los

---
9. ttp://www.asambleanacional.gob.ve/uploads/documentos/doc_bc4c506d760363356d39ca767363429d7b7579f9

propósitos declarados, que de por si fueron muy generales, Decretos Ley que abarcaron temas como cambios estructurales en la administración pública y en asuntos relativos a los organismos de seguridad.

Esta primera Ley Habilitante para Maduro se compone de 4 artículos entre los cuales se enunciaron 2 "ámbitos" que como ocurrió en los casos anteriores también fueron de los más extensos e ilimitados que pueda concebirse transgrediendo el texto constitucional.

Este es el texto:

LA ASAMBLEA NACIONAL DE LA REPÚBLICA BOLIVARIANA DE VENEZUELA
DECRETA
La siguiente
LEY QUE AUTORIZA AL PRESIDENTE DE LA REPÚBLICA PARA DICTAR DECRETOS CON RANGO, VALOR Y FUERZA DE LEY EN LAS MATERIAS QUE SE DELEGAN

Artículo 1. *Se autoriza al Presidente de la República para que, en Consejo de Ministros, dicte Decretos con Rango, Valor y Fuerza de Ley, de acuerdo con las directrices, propósitos y marco de las materias que se delegan en esta Ley, de conformidad con el último aparte del artículo 203 y el numeral 8 del artículo 236 de la Constitución de la República Bolivariana de Venezuela y, en consecuencia:*

1. En el ámbito de la lucha contra la corrupción:

a) Dictar y/o reformar normas e instrumentos destinados a fortalecer los valores esenciales del ejercicio de la función pública, tales como la solidaridad, honestidad, responsabilidad, vocación de trabajo, amor al prójimo, voluntad de superación, lucha por la emancipación y el proceso de

liberación nacional, inspirada en la ética y la moral socialista, la disciplina consciente, la conciencia del deber social y la lucha contra la corrupción y el burocratismo; todo ello, en aras de garantizar y proteger los intereses del Estado en sus diferentes niveles de gobierno.
b) Dictar y/o reformar normas destinadas a profundizar y fortalecer los mecanismos de sanción penal, administrativa, civil y disciplinaria para evitar lesiones o el manejo inadecuado del patrimonio público y prevenir hechos de corrupción.
c) Dictar normas contra la legitimación de capitales.
d) Establecer mecanismos estratégicos de lucha contra aquellas potencias extranjeras que pretendan destruir la patria en lo económico, político y mediático; y dictar normas que sancionen las acciones que atentan contra la seguridad y defensa de la Nación, las instituciones del Estado, los Poderes Públicos y la prestación de los servicios públicos indispensables para el desarrollo y la calidad de vida del pueblo.
e) Combatir el financiamiento ilegal de los partidos políticos.
f) Establecer normas que eviten y sancionen la fuga de divisas.
g) Emitir disposiciones en defensa de la moneda nacional a fin de contrarrestar el ataque a la misma.
h) Fortalecer el sistema financiero nacional.

2) En el ámbito de la defensa de la economía:
a) Dictar y/o reformar leyes que consoliden los principios de justicia social, eficiencia, equidad, productividad, solidaridad, a los fines de asegurar el desarrollo humano integral, una existencia digna y provechosa para el pue-

blo venezolano y lograr de este modo la mayor suma de felicidad y el buen vivir.

b) *Dictar y/o reformar las normas que establezcan los lineamientos y estrategias para la planificación, articulación, organización y coordinación de los procedimientos, especialmente en materia de producción, importación distribución y comercialización de los alimentos, materia prima y artículos de primera necesidad, que deben seguir los órganos y entes del Estado involucrados, garantizando la seguridad y soberanía alimentaria.*

c) *Dictar y/o reformar las normas y/o medidas destinadas a planificar, racionalizar y regular la economía, como medio para propulsar la transformación del sistema económico y defender la estabilidad económica para evitar la vulnerabilidad de la economía; así como, velar por la estabilidad monetaria y de precios, y el desarrollo armónico de la economía nacional con el fin de generar fuentes de trabajo, alto valor agregado nacional , elevar el nivel de vida de nuestro pueblo y fortalecer la soberanía económica del país, para de este modo, garantizar la seguridad jurídica, la solidez, el dinamismo, la sustentabilidad, la permanencia y la equidad del crecimiento económico, en aras de lograr una justa distribución de la riqueza para atender los requerimientos y las necesidades más sentidas del pueblo venezolano.*

d) *Fortalecer la lucha contra el acaparamiento y la especulación que afectan la economía nacional.*

e) *Regular lo concerniente a las solicitudes de divisas a objeto de evitar el uso contrario para el fin solicitado.*

f) *Garantizar el derecho del pueblo a tener bienes y servicios seguros, de calidad y a precios justos.*

Artículo 2. *Cuando se trate de un Decreto con Rango, Valor y Fuerza de Ley, al cual el Presidente de la República le confiera carácter Orgánico, deberá remitirse, antes de su publicación en la Gaceta Oficial de la República Bolivariana de Venezuela, a la Sala Constitucional del Tribunal Supremo de Justicia, a los fines de que ésta se pronuncie sobre la constitucionalidad de tal carácter, de conformidad con lo dispuesto en el artículo 203 de la Constitución de la República Bolivariana de Venezuela*

Artículo 3. *La habilitación al Presidente de la República para dictar Decretos con Rango, Valor y Fuerza de Ley en las materias que se delegan tendrá un lapso de duración de doce (12) meses para su ejercicio, contado a partir de la publicación de esta Ley en la Gaceta Oficial de la República Bolivariana de Venezuela.*

Artículo 4. *La presente Ley entrará en vigencia a partir de su publicación en la Gaceta Oficial de la República Bolivariana de Venezuela.*

Dada, firmada y sellada en el Palacio Federal Legislativo, sede de la Asamblea Nacional, en Caracas a los diecinueve días del mes de Noviembre de dos mil trece. Año 203° de la Independencia y 154° de la Federación.
DIOSDADO CABELLO RONDÓN. DARÍO VIVAS VELASCO. BLANCA EKHOUT GÓMEZ. VICTOR CLARK BOSCAN. FIDEL ERNESTO VÁSQUEZ

DECRETOS LEY EMITIDOS POR NICOLÁS MADURO EN ESTA OPORTUNIDAD

Con base a la Ley Habilitante (Gaceta Oficial n.° 6.112 Extraordinario, de fecha 19/11/2013), cuya vigencia culminó el día 19 de noviembre de 2014, Nicolás Maduro dictó cincuenta y seis (56) Decretos Leyes sobre distintas materias, a saber:

Decreto ley del Centro Nacional de Comercio Exterior y de la Corporación Venezolana de Comercio Exterior.

Decreto ley de Reforma Parcial de la Ley Contra los Ilícitos Cambiarios.

Este instrumento fue derogado por el 798 denominado Decreto Ley del Régimen Cambiario y sus ilícitos, y a su vez éste fue derogado por el Decreto ley del Régimen Cambiario y sus Ilícitos.

Decreto ley de Precios Justos que luego fue reformado por el Decreto ley publicado en Gaceta Oficial Extraordinaria número 6156 del 19 de Noviembre de 2.014.

Decreto ley de Regulación del Arrendamiento Inmobiliario para el uso comercial.

Decreto ley de Atención al sector agrario.

Decreto ley de supresión y liquidación del INAVI.

Decreto ley orgánico para la gestión comunitaria de competencias, servicios y otras atribuciones.

Decreto ley para establecer los lineamientos de financiamiento de las organizaciones de base del poder popular.

Decreto ley para la juventud productiva

Decreto ley de reforma parcial del Decreto ley de alimentos para los trabajadores y las trabajadoras.

Decreto ley orgánico de la administración Pública y Popular.

Decreto ley de simplificación de trámites administrativos. Este Decreto Ley se reimprimió en Gaceta por errores.

Decreto ley que reserva al Estado las actividades de exploración y explotación de oro, así como las conexas y auxiliares a éstas.

Decreto Ley de Reforma Parcial del Decreto Ley de Tasas Portuarias.

Decreto Ley de Reforma parcial de la Ley de Timbres Fiscales

Decreto Ley del Régimen Cambiario y sus ilícitos.

Decreto Ley del Sistema Nacional Integral Agroalimentario.

Decreto Ley de Reforma del Decreto Ley de pesca y acuicultura.

Decreto Ley de la Gran Misión Agrovanezuela.

Decreto Ley de Reforma de la Ley Orgánica de Ciencia, Tecnología e Innovación.

Decreto Ley de Reforma de la Ley para la promoción y desarrollo de la pequeña y mediana industria y unidades de propiedad social.

Decreto Ley antimonopolio.

Decreto Ley de reforma de la ley de impuesto sobre cigarrillo y manufacturas de tabaco.

Decreto Ley de reforma de la ley de impuesto sobre alcohol y especies alcohólicas.

Decreto Ley de regionalización integral para el desarrollo socio productivo de la patria.

Decreto Ley del Código Orgánico Tributario.

Decreto Ley de reforma de la ley de impuesto sobre la renta.

Decreto Ley de reforma de la ley que establece el IVA.

Decreto Ley de inversiones extranjeras.

Decreto Ley Orgánico de turismo.

Decreto Ley de fomento del turismo sustentable como actividad comunitaria y social.

Decreto Ley de inversiones turísticas y del crédito para el sector turismo.

Decreto Ley de marinas y actividades conexas.

Decreto Ley de los Espacios Acuáticos.

Decreto Ley orgánico de cultura.

Decreto Ley orgánico de misiones, grandes misiones y micro misiones.

Decreto Ley sobre inmunidad soberana de los activos de los bancos centrales u otras autoridades monetarias extranjeras.

Decreto Ley de contrataciones públicas.

Decreto Ley del Banco Agrícola de Venezuela, CA Banco Universal.

Decreto Ley orgánico de administración financiera del sector público.

Decreto Ley de instituciones del sector bancario.

Decreto Ley de reforma parcial de la ley del Banco de Desarrollo Económico y Social de Venezuela.

Decreto Ley de reforma parcial del Decreto Ley Orgánica de bienes públicos.

Decreto Ley de reforma de la Ley Orgánica de Identificación.

Decreto Ley del Instituto Nacional de Capacitación y Educación Socialista.

Decreto Ley de Reforma de la Ley Orgánica de Aduanas.

Decreto Ley de reforma parcial de la Ley del Banco Central de Venezuela.

Decreto Ley de Registros y del Notariado.

Decreto Ley Orgánica de la Fuerza Armada Bolivariana.

Decreto Ley sobre el régimen de jubilaciones y pensiones de los trabajadores y las trabajadoras de la Administración Pública Nacional, Estadal y Municipal.

Decreto Ley del Cuerpo Nacional contra la corrupción.

Decreto Ley de reforma parcial del Decreto Ley Orgánica de precios justos.

Decreto Ley de Régimen para la revisión, rectificación, reimpulso y restructuración del sistema policial y órganos de seguridad ciudadana.

Decreto Ley de reforma de la Ley Orgánica de Seguridad de la Nación.

ANÁLISIS CRÍTICO DE LA PRIMERA LEY HABILITANTE EXPEDIDA A NICOLÁS MADURO

Como puede observarse, en esta Ley Habilitante la Asamblea Nacional además de que no existe ni se invoca urgencia alguna no se atuvo a la invocada norma Constitucional que autoriza a delegar la actividad legislativa mediante ley especial habilitante como está previsto en el último aparte del artículo 203:

> *"Son leyes habilitantes las sancionadas por la Asamblea Nacional por las tres quintas partes de sus integrantes, a fin de establecer las directrices, propósitos y marco de las materias que se delegan al Presidente de la República, con rango y valor de ley"*

En este caso se enumeró dos "**ámbitos de habilitación**" que serían 1. Lucha contra la corrupción, y, 2. Defensa de la economía.

Esta Ley Habilitante, igual que las otras, fue indefinida, solo unos enunciados generales sobre los temas antes mencionados, el único límite que contiene es el del lapso en el que estaría vigente.

CONCLUSIÓN

Al igual que en los casos anteriores, todos esos mal llamados Decretos ley están afectados por el vicio de usurpación de funciones que conllevan su nulidad.

La Asamblea Nacional incurrió en el vicio de extralimitación de atribuciones ya que al invocar la facultad constitucional para delegar la actividad legislativa que le es propia, lo hizo sin atención a las condiciones que la misma norma contiene, ya que concedió una ley habilitante, además de injustificada, absolutamente genérica, sin fijar el marco estricto de la materia a delegar que demarca la Constitución, y sin haber ejercido ningún control posterior a la actividad presidencial para determinar cuando menos si se había actuado dentro del amplísimo enunciado de dicha Habilitante.

Por su parte, el presidente Nicolás Maduro Moros violó disposiciones atributivas de competencia constitucional y usurpó funciones del legislativo cuando emitió esos instrumentos que denominó Decretos Ley. El funcionario incurrió en incompetencia constitucional pues la habilitación no faculta para legislar indiscriminadamente sino con sujeción a estrictos límites como son todos los actos del poder público, límites referidos al marco de la materia expresada en la delegación, también a la causa extraordinaria que debe preceder la cesión de atribuciones e igualmente aquellos referidos a la participación ciudadana.

Esta primera Ley Habilitante conferida al presidente violentó tanto la facultad del Poder Legislativo para dictarla, como la del Poder Ejecutivo para solicitarla y para ejecutarla, infectando así de nulidad todo lo actuado al respecto tal como infectadas están las tres que le precedieron.

CAPITULO 10

SEGUNDA LEY HABILITANTE OTORGADA A NICOLÁS MADURO "HABILITANTE ANTI IMPERIALISTA"

Ley Habilitante publicada en Gaceta Oficial Extraordinaria N° 6.178 de fecha 15 de Marzo del año 2015.

Esta segunda habilitante para Maduro ha sido la segunda con *"Exposición de motivos"*, literatura explicativa que la técnica legislativa requiere para todo instrumento legal a fin de hacer saber cual ha sido la intención, la razón, el espíritu y propósito del legislador al emitir dicho dispositivo mandatorio, es un introito que sin ser mandatorio ayuda al juez a sentenciar en caso de conflictos interpretativos sobre intereses regulados por esa ley.

Este es el texto de la exposición de la ley y de su Exposición de Motivos:

LEY QUE AUTORIZA AL PRESIDENTE DE LA REPÚBLICA PARA DICTAR DECRETOS CON RANGO, VALOR Y FUERZA DE LEY EN LAS MATERIAS QUE SE DELEGAN PARA LA GARANTÍA REFORZADA DE LOS DERECHOS DE SOBERANÍA Y PROTECCIÓN DEL PUEBLO VENEZOLANO Y EL ORDEN CONSTITUCIONAL DE LA REPÚBLICA

La Ley Habilitante antiimperialista para la Paz
Son principios fundamentales de la República por mandato que precede su articulado que Venezuela es irre-

vocablemente libre e independiente y fundamenta su patrimonio moral y sus valores de libertad, igualdad, justicia y paz internacional, en la doctrina de Simón Bolívar, El Libertador.

Como consecuencia directa de su configuración constitucional como Estado Social Democrático de Derecho y de Justicia, en el sentido más auténtico del término, tiene el deber ineludible de garantizar la supremacía constitucional de estos valores y de los derechos humanos.

Mediante un hecho sin precedentes en la historia republicana contemporánea de Venezuela, la cual se distingue ante la comunidad internacional como un país tributario de la paz, ha sido amenazada la tranquilidad de la República mediante una legislación foránea injerencista, completamente contraria a nuestro marco constitucional y ajena al derecho Internacional Público que rige las relaciones entre los estados a través de la insólita declaratoria decretada por la presidencia de los Estados Unidos de América que pretende excusar su actuación imperialista, injerencista y lesiva, en la insólita e inconsistente especie según la cual Venezuela constituiría una "amenaza inusual y extraordinaria a la seguridad nacional y política exterior de los Estados Unidos".

Ante esta amenaza y con fundamento en las obligaciones constitucionales del Presidente de la República de defender la independencia, integridad, soberanía del territorio y procurar la garantía de los derechos y libertades de las venezolanas y venezolanos, se justifica la necesidad de la autorización legislativa mediante ley habilitante con el propósito de asegurar el cumplimiento más eficaz del orden constitucional ante tales circunstancias extraordinarias.

LA ASAMBLEA NACIONAL DE LA REPUBLICA BOLIVARIANA DE VENEZUELA

Decreta

La siguiente,

LEY QUE AUTORIZA AL PRESIDENTE DE LA REPÚBLICA PARA DICTAR DECRETOS CON RANGO, VALOR Y FUERZA DE LEY EN LAS MATERIAS QUE SE DELEGAN PARA LA GARANTÍA REFORZADA DE LOS DERECHOS DE SOBERANÍA Y PROTECCIÓN DEL PUEBLO VENEZOLANO Y EL ORDEN CONSTITUCIONAL DE LA REPÚBLICA

LEY HABILITANTE ANTIIMPERIALISTA PARA LA PAZ

Artículo 1. *Se autoriza al Presidente de la República Bolivariana de Venezuela para que, en Consejo de Ministros, dicte Decretos con Rango, Valor y Fuerza de Ley, de conformidad con el último aparte del artículo 203 y el numeral 8 del artículo 236 de la Constitución de la República Bolivariana de Venezuela, y en consecuencia, dicte o reforme leyes en el ámbito de la libertad, la igualdad, justicia y paz internacional, la independencia, la soberanía, la inmunidad, la integridad territorial y la autodeterminación nacional, en las siguientes materias;*

Reforzar *la garantía del ejercicio de los principios constitucionales de soberanía y autodeterminación de los pueblos; protección contra la injerencia de otros estados en asuntos internos de la República, acciones belicistas, o cualquier actividad externa o interna, que pretenda violentar la paz, la tranquilidad pública y el funcionamiento de las instituciones democráticas, por un mundo más seguro.*

Protección del Pueblo y de todo el Estado frente a actuaciones de otros países o entes económicos o financieros transnacionales, o de factores internos, dirigidas a perturbar o distorsionar la producción, el comercio el sistema socioeconómico o financiero, así como los derechos y garantías asociados.

Eficacia *del principio democrático de participación protagónica y el valor de la solidaridad colectiva en la defensa y prevención del orden constitucional, contra tales amenazas, acciones y sus posibles consecuencias, en garantía de los derechos de todos los habitantes de la República.*

Fortalecer *las alianzas estratégicas de la república Bolivariana de Venezuela con los países hermanos de la América Latina y el Caribe, estableciendo coaliciones que consoliden la soberanía regional, en resguardo a la dignidad de todos los pueblos del continente americano.*

Normar *las directrices dirigidas al fortalecimiento del sistema de responsabilidades civiles, administrativas y penales a que hubiere lugar en resguardo de los principios, valores y reglas constitucionales enunciados en esta Ley.*

Artículo 2. *Cuando se trate de un Decreto con Rango, Valor y Fuerza de Ley, al cual el Presidente de la República le confiera carácter orgánico, y no estuviere calificado como tal por la Constitución de la República, deberá remitirse antes de su publicación en la Gaceta Oficial de la República Bolivariana de Venezuela, a la Sala Constitucional del Tribunal Supremo de Justicia, a los fines de que esta se pronuncie sobre la constitucionalidad de tal carácter, de conformidad con lo dispuesto en el artículo 203 de la Constitución de la República Bolivariana de Venezuela.*

Artículo 3. *La habilitación al Presidente de la República para dictar decretos con Rango, Valor y Fuerza de Ley en* *las materias que se delegan será desde la fecha de la publicación de esta Ley en la Gaceta Oficial de la República Bolivariana de Venezuela, hasta el 31 de diciembre de 2015, para su ejercicio, contados a partir de la publicación de esta Ley en la Gaceta Oficial de la República Bolivariana de Venezuela.*

Artículo 4. *La presente Ley entrará en vigencia a partir de su publicación en la Gaceta Oficial de la República Bolivariana de Venezuela.*

Dado, firmado y sellado en el Palacio Federal Legislativo, sede de la Asamblea Nacional de la República Bolivariana de Venezuela, en Caracas, a los quince días del mes de marzo de dos mil quince. Años 204° de la Independencia, 156° de la Federación y 16° de la Revolución Bolivariana.

DIOSDADO CABELLO RÓNDON
Presidente de la Asamblea Nacional
ELVIS EDUARDO AMOROSO
Primer Vicepresidente
TANIA DÍAZ GONZÁLEZ
Segunda Vicepresidenta
FIDEL ERNESTO VÁSQUEZ L.
Secretario
ELVIS JUNIOR HIDROBO
Subsecretario

Promulgación de la Ley que Autoriza al Presidente de la República para Dictar Decretos con Rango, Valor y Fuerza de Ley en las Materias que se delegan para la Garantía Reforzada de los Derechos de Soberanía y Protección del Pueblo Venezolano y el Orden Constitucional de la República, de conformidad con lo previsto en el artículo 213 de la Constitución de la República Bolivariana de Venezuela.

Dado en Caracas, a los quince días del mes de marzo de dos mil quince. Años 204° de la Independencia, 156° de la Federación y 16° de la Revolución Bolivariana.

Cúmplase

(L.S.)

NICOLÁS MADURO MOROS

Presidente de la República

LA JUSTIFICACIÓN

La justificación del oficialismo para otorgar esta segunda Ley Habilitante a Nicolás Maduro fue un Decreto dictado por el Presidente de Estados Unidos, Barak Obama, retirando visas a siete funcionarios del gobierno venezolano catalogados como violadores de derechos humanos, y a Venezuela como una *"amenaza inusual para la seguridad estadounidense"*. En el debate efectuado al respecto en la Asamblea Nacional los parlamentarios de la oposición negaron la habilitante y la calificaron de propaganda política para escurrir responsabilidades ante los graves problemas nacionales, los insultos de la bancada oficialista no se hicieron esperar, y finalmente, aprobada la ley por la mayoría del partido de gobierno éstos se trasladaron al Palacio de Miraflores donde Maduro ordenó una campaña para recoger diez millones de firmas exigiendo al presidente de Estados Unidos revocar su Decreto.

DECRETOS LEY EMITIDOS POR NICOLÁS MADURO CON ESTA SEGUNDA LEY HABILITANTE

Decreto Ley para la Soberanía Territorial y la Paz. Gaceta Oficial 40.701 del 13 de Julio de 2015

Decreto Ley de Cestaticket Socialista para los trabajadores y trabajadoras. Gaceta Oficial 40.773 del 23 de Octubre de 2.015. Gaceta Oficial 40.773 del 23 de Octubre de 2.015

Decreto Ley de Reforma del Decreto Ley de Precios Justos. Gaceta Oficial 40.787 del 12 de Noviembre de 2.015

Decreto Ley de los Consejos Presidenciales de Gobierno y del Poder Popular. Gaceta Oficial 40.818 del 29 de diciembre 2.015

Decreto Ley de Reforma al Decreto Ley Orgánica para el Desarrollo de actividades petroquímicas. Gaceta Oficial 31 de diciembre 2015

Decreto Ley Orgánica que reserva al Estado las actividades de exploración del oro y minerales estratégicos.

Decreto Ley de reforma al Decreto Ley del Régimen Cambiario y sus ilícitos.

Decreto Ley Orgánica de Fronteras

Decreto Ley de Impuesto a las grandes transacciones financieras

Decreto Ley de Reforma del Régimen cambiario y sus ilícitos

Decreto Ley Orgánica reforma de la Ley Orgánica que Reserva al Estado las Actividades de Exploración y Explotación del Oro y sus actividades conexas

Decreto Ley de Reforma de Ley Orgánica para el desarrollo de actividades petroquímicas

Decreto Ley de Reforma de la Ley del Banco Central de Venezuela

Decreto Ley de la actividad aseguradora

Decreto Ley de Servicio Nacional Integrado de la Administración Aduanera y Tributaria

Decreto Ley de Mercado de Valores

Decreto Ley de Estatuto de la Función Policial

Decreto Ley Orgánica de la Administración Financiera del Sector Público

Decreto Ley de Reforma de la Ley Orgánica de la Procuraduría General de la República

Decreto Ley de Regionalización Integral para el desarrollo Socioproductivo de la Patria

Decreto Ley de Reforma de la Ley de Inversiones Extranjeras

Decreto Ley Antimonopolio

Decreto Ley de Reforma de la Ley de la Misión Agrovenezuela

Decreto Ley de Reforma del Decreto Ley del Sistema Nacional Agroalimentario

Decreto Ley de Reforma del Decreto Ley de Pesca y Acuicultura

Decreto Ley de Reforma del Decreto Ley del Fomento del Turismo Sustentable como actividad comunitaria y social

Decreto Ley de Reforma del Decreto Ley de Crédito y todas las labores de financiamiento del sector turístico

Decreto Ley de Reforma del Decreto ley Orgánica del Turismo

Decreto Ley de Reforma al Decreto Ley de Impuestos al alcohol y especies alcohólicas

Decreto Ley de Reforma de Reforma al Decreto ley de Impuestos sobre cigarrillos y manufactura del tabaco

Decreto Ley de Reforma al Código Orgánico Tributario

Decreto Ley de Reforma del Impuesto al Valor Agregado IVA

Decreto Ley de Reforma de la Ley de Impuesto sobre la Renta

CAPITULO 11

¿QUÉ HACER?

El gran problema es que hacer ante esta situación de un enmarañado de leyes infames, de leyes carentes de legalidad constitucional y que han creado situaciones de hecho bajo su falso imperio. No basta calificarlas así, como lo que son, habrá que hacer un intenso y meticuloso trabajo parlamentario para derogar las que haya que derogar y reeditar las que sean reeditables. No será tarea fácil porque a partir del proceso constituyente espurio que se efectuó en 1.999 todo es una falsificación, todo es una usurpación incluyendo la Constitución producto de aquel asalto a la democracia y a sus instituciones. Queda pues a quienes corresponda rehacer el sistema institucional la menuda tarea de adentrarse en este tema.

Un ejemplo será suficiente para evidenciar lo complicado de esta situación:

En Gaceta Oficial número 40.845 del 10 de Febrero de 2.016 se publicó el Decreto presidencial número 2.231 por el cual se creó una empresa del Estado denominada "**C.A Militar de Industrias Mineras, petrolíferas y de gas**" (**CAMIMPEG**) adscrita al Ministerio de la Defensa y el cual se apoya en los artículos 46; 104; 105; 178; 118; del _Decreto Ley Orgánica de la Administración Pública_ que sancionó la Asamblea Nacional y se publicó en Gaceta Oficial 37.305 del 17 de Octubre de 2001.

Esta empresa se diseñó para sustituir a PDVSA y creada como una Compañía Anónima regida por la legislación mercantil, cuyo capital accionario se determina como proveniente del sector militar en la persona del Ministro de la Defensa y al cual se le reserva su dirección y control mediante una Junta Directiva de cinco personas designadas por el Ministro del área, todo lo cual representa una escandalosa transgresión de la norma constitucional (artículo 12 CRBV) que determina como bienes de la República, inalienables y del dominio público los yacimientos mineros y de hidrocarburos, así como también resulta en violación del artículo 156.16 que establece como competencia del Poder Público Nacional *"el régimen y administración de las minas e hidrocarburos"*. En la motivación del mencionado Decreto se menciona como fuente de legalidad varios artículos del *Decreto de Ley Orgánica de la Administración Pública* y sobre lo cual tenemos dos llamados:

A Se trata de una motivación fraudulenta ya que dicho Decreto no faculta al Presidente para crear empresas privadas para la explotación minera, sino para otras actividades muy diferentes como aparece en sus artículos 1 y 2 que a continuación se transcriben:

> *Artículo 1*
>
> *La presente Ley tiene por objeto establecer los principios y bases que rigen la organización y funcionamiento de la Administración Pública Nacional y de la administración descentralizada funcionalmente; así como regular los compromisos de gestión; crear mecanismos para promover la participación y el control sobre las políticas y resultados públicos; y establecer las normas básicas sobre los archivos y registros públicos.*
>
> *Ámbito de aplicación*
>
> *Artículo 2*

Las disposiciones de la presente Ley serán aplicables a la Administración Pública Nacional. Los principios y normas que se refieren en general a la Administración Pública, o expresamente a los estados, distritos metropolitanos y municipios serán de obligatoria observancia por éstos, quienes deberán desarrollarlos dentro del ámbito de sus respectivas competencias.

Las disposiciones de la presente Ley podrán aplicarse supletoriamente a los demás órganos del Poder Público.

B El mencionado Decreto que se invoca como fuente de legalidad de este otro que crea la empresa CAMIMPEG, también es un Decreto del presidente Nicolás Maduro que a su vez nace de una Ley habilitante que invoca y en base a la cual dictó otro Decreto denominado *"Decreto con rango, valor y fuerza de ley orgánica de la administración pública"* que ni siquiera fue remitido para revisión de constitucionalidad a la Sala Constitucional.

Es decir, de una Ley habilitante el presidente Maduro dedujo autoridad para emitir el *"Decreto con rango, valor y fuerza de ley orgánica de la administración pública"* y de éste dedujo autoridad para crear la referida empresa privada CAMIMPEG para inconstitucionalmente entregarle la actividad que correspondía exclusivamente a PDVSA.

Ley infame sobre ley infame, es la terrible realidad que actualmente presenta el cuerpo legislativo venezolano, diagnóstico que espera por una gran actividad para su corrección.

CAPITULO 12

CONCLUSIONES GENERALES

Las seis Leyes Habilitantes conferidas a Hugo Chávez y a Nicolás Maduro son inconstitucionales

En efecto, bajo la cobertura de esta modalidad lo que ha ocurrido es la anulación del Parlamento a ejercer sus funciones delegándolas al Poder Ejecutivo.

Volviendo con la instauración de la delegación legislativa en Venezuela, tema aludido al inicio de este trabajo, recordemos el artículo 203 de la Constitución que la establece:

> *"Son leyes habilitantes las sancionadas por la Asamblea Nacional por las tres quintas partes de sus integrantes, a fin de establecer las directrices, propósitos y marco de las materias que se delegan al Presidente o Presidenta de la República con rango y valor de ley. Las leyes habilitantes deben fijar plazo para su ejercicio".*

La norma antes citada asumió una delegación tan poco estricta, tan laxa, que además de no contar con precedentes ni en Venezuela ni en ningún otro lugar del mundo <u>no viene siquiera explicada en la Exposición de Motivos de esta Constitución</u> de Venezuela de 1999, privándose así a la Nación de comprender el sentido, el espíritu, el propósito, la razones del Constituyente para consagrarla a pesar de la trascendencia de su innovador y trascendente contenido.

Los precedentes sobre delegación legislativa que se han dado en el Derecho Constitucional comparado y que antes hemos anotado, apuntan a llenar el vacío de que en momentos especiales puedan presentarse por eventos extraordinarios que deban ser normados con una urgencia tal que no permita atenerse al proceso legislativo ordinario, pero a la Constitución "Bolivariana" la inocularon con el veneno de propósito diferente cual ha sido el de gobernar por Decreto, gobernar sin contención.

El texto legal antes transcrito no habla de eventos especiales, no contiene límites sobre materia ni sobre temporalidad, tampoco instaura requisitos previos ni posteriores para el ejercicio del control legislativo, no se trata de una norma que autorice la delegación legislativa por emergencias, solo es un medio para desconocer la voluntad política del electorado plural y darle todo el poder a quien ocupe la Presidencia del Poder Ejecutivo, es un instrumento hecho para el abuso dictatorial, por eso se cuidaron de no mencionarla en la exposición de motivos de esa Constitución.

Lo anterior se ve corroborado al constatar la ligereza con la que el oficialismo parlamentario ha otorgado, y los presidentes Chávez y Maduro han ejercido, las referidas habilitaciones; por ejemplo en la que se le confirió al primero en el año 2007 se le enunció un "ámbito", el número 3, para activar *"contra la corrupción"*; luego, la habilitante conferida a Maduro en 2013 se estableció el mismo ámbito para *"luchar contra la corrupción"*.

Otro ejemplo del desorden y la falta de seriedad en estas actividades habilitantes lo tenemos en este caso:

1. En fecha 15 de Diciembre de 2011 Chávez emitió el Decreto Ley Orgánica que reserva al Estado las actividades de exploración y explotación del oro.

2. El mismo Chávez había dictado otro Decreto Ley(8.683) de Reforma del anterior.

3. Maduro derogó los dos anteriores por Decreto Ley similar del 18 de Noviembre de 2.014 (Gaceta Oficial Extraordinaria 6.150 del 18/11/2014).

4. El mismo Maduro derogó su Decreto antes citado mediante Decreto Ley del 30 de Diciembre de 2.015 publicado en Gaceta Extraordinaria 6.210.

Un inmenso desorden ha reinado en estos episodios de delegación legislativa, tanto que para hacer este libro no nos ha sido fácil acceder a la información de cada una de dichas habilitantes y de los Decretos que bajo su cobertura se han dictado, otro tanto ha ocurrido con la ubicación de las Gacetas Oficiales donde se han publicado. Es tarea de primer orden del nuevo parlamento ordenar, sistematizar esos instrumentos para darle el tratamiento que corresponda, bien sea derogarlos o modificarlos.

Otra consideración obligatoria es sobre la verdadera existencia de propósitos y límites de las habilitaciones pues a pesar de que se mencionan propósitos y marco de las materias delegadas, se ha hecho tan general que evidentemente solo han sido una simulación del cumplimiento de dicho requisito, y lo cierto es que desde 1999, año tras año hemos tenido un Poder Legislativo castrado en sus atribuciones, solo se les ve alguna actividad para aprobar acuerdos o convenios realizados por el Ejecutivo. La consulta pública de obligación constitucional para la emisión de leyes no se hace, mucho menos la discusión de proyectos de leyes en el pleno donde hace vida la pluralidad política venezolana, eso no existe, y en cuanto a la actividad contralora ni se diga.

DECRETOS LEY "ORGANICOS"

Una de las más serias anomalías en esta actividad ha sido la emisión de Decretos Ley a los que el Ejecutivo les ha conferido carácter orgánico lo cual es flagrantemente violatorio del texto constitucional ya que las leyes habilitantes no confieren autoridad para dictar, ni para reformar, leyes de esa categoría.

Dentro de las atribuciones del Poder Legislativo Nacional la primera es *"Legislar en las materias de la competencia nacional y sobre el funcionamiento de las distintas ramas del Poder Nacional."* (CRBV Art 187.1), la Constitución define como Ley los actos sancionados por la Asamblea Nacional actuando como cuerpo legislador, definiéndose tres tipos de ellas que son las siguientes:

1. Leyes ordinarias, que pueden reunirse sistemáticamente referente a determinada materia y se denominan "Códigos". Estas leyes ordinarias requieren ser aprobadas por mayoría simple.

2. Leyes orgánicas que son las así denominadas por la Constitución, las que se dicten para organizar los poderes públicos o para desarrollar los derechos constitucionales y las que sirvan de marco normativo a otras leyes. Este tipo de ley requiere para su aprobación una mayoría calificada de las dos terceras partes.

3. Leyes habilitantes que se pueden dictar para "establecer la directrices, propósitos y marco de las materias que se delegan al Presidente de la República con rango y valor de ley." *Este tipo de ley requiere el voto favorable de las tres quintas partes.*

Las diferentes tipos de mayoría requeridas para estas diferentes formas de leyes tiene relación con la trascendencia del instrumento legal y la necesidad de protegerla de mayorías políticas circunstanciales, cambiantes, por eso en teoría constitucional se habla de *"leyes reforzadas"* cuando se trata de una protección especial que tiende a la estabilidad del sistema. Como puede observarse en los distintos tipos de mayoría fijados en el texto constitucional son las Leyes orgánicas las más protegidas, se exige mayoría de <u>dos terceras partes</u> para su aprobación, que en Venezuela ahora con una Asamblea Nacional diseñada para 167 diputados, <u>esa mayoría estaría dada por 111 diputados</u>, mientras que para una Ley habilitante la Constitución exige una mayoría de <u>tres quintas partes, es decir, 100</u> diputados. La simple operación matemática nos revela que la Constitución dispone una exigencia mayor para emitir una ley orgánica que una ley habilitante y esto obviamente determina que los poderes delegados mediante una ley habilitante no contienen la facultad para el habilitado de emitir leyes orgánicas, más sin embargo, tanto Hugo Chávez como Nicolás Maduro en uso de las leyes habilitantes emitieron y reformaron leyes orgánicas infectándolas de nulidad absoluta.

Afirmamos que dado que el tipo de mayoría requerida al Parlamento para emitir leyes reservadas a la categoría de orgánicas es más exigente (11 diputados) que para emitir leyes habilitantes (100 diputados), <u>una habilitante no autoriza a emitir leyes orgánicas</u>, no obstante, tanto Hugo Chávez como Nicolás Maduro invocando las Leyes

Habilitantes que les han otorgado han emitido a raudales Decretos Leyes que han calificado de Orgánicos.

Por otra parte, si la Constitución exige al Órgano Legislativo que para dictar leyes se debe tramitar un proceso de control y participación ciudadana, mal puede entenderse que al delegar en el Ejecutivo tal atribución se violen dichos mecanismos, es decir, que se produzcan leyes sin consultar a nadie, ni a las comisiones, ni a la sociedad civil, ni a los sectores a los que dichos instrumentos van a afectar, ya que tal modo de proceder no es más que una actuación dictatorial cuyos actos de apariencia legítima no lo son por violación del artículo 211 la Constitución que ordena consultar *"a los otros órganos del Estado, a los ciudadanos y ciudadanas y a la sociedad organizada para oír su opinión sobre los mismos..."*

El sistema político instaurado en el poder por Hugo Chávez logró tomar mediante el asalto constituyente al poder judicial a partir de un Tribunal Supremo de Justicia que pusieron en funcionamiento antes de que entrara en vigencia la Constitución que la creaba y de inmediato nombraron a dedo a los magistrados, dictatorialmente, sin ningún tipo de procedimiento, y esos magistrados, pagando el favor, en el año 2001 dictaron sentencia en Sala Constitucional sobre *"La constitucionalidad del carácter Orgánico del Decreto Ley con fuerza de Ley Orgánica de los espacios acuáticos e insulares"* en el cual entre otros pronunciamientos se declara que la Asamblea Nacional puede habilitar al Presidente para legislar sin que las leyes que dicte tengan que pasar por el control previo de constitucionalidad de la Sala y además se hicieron las siguientes precisiones:

1. *No hay límite material sobre el objeto o contenido de los decretos ley que produzca el Presidente, es decir, pueden versar sobre cualquier tema.*

2. *A través del decreto ley presidencial se pueden regular materias correspondientes a leyes orgánicas, es decir, mediante la delegación legislativa el Presidente puede emitir Decretos leyes ordinarias y también orgánicas.*

3. *Las leyes habilitantes, y las leyes orgánicas que dicte el parlamento no necesitan de control previo de la Sala Constitucional porque es el mismo Constituyente quien les dio tal carácter al delimitar sus distintas categorías.*

Asienta el citado fallo que el Presidente, actuando mediante Ley Habilitante, puede dictar Decretos Ley de carácter orgánico y éstas sí requieren del control previo al igual que lo requieren aquellas leyes que emita la Asamblea Nacional catalogadas como orgánicas.

Es así como Hugo Chávez usando las habilitaciones antes tratadas emitió 219 Decretos Ley en absolutamente todos los campos del quehacer venezolano, igual ha ocurrido con Nicolás Maduro quien ha dictado 94 Decretos Ley, para un total entre ambos de 313 Decretos Ley.

En contraste con ese desenfreno legislativo que sin control de ninguna naturaleza han ejecutado estos gobernantes del *"Socialismo del Siglo XXI"* valga un solo ejemplo de la adulteración institucional: en el año 2015, <u>mientras Maduro dictó 94 Decretos Ley, la Asamblea Nacional emitió solo dos leyes y una de ellas fue la habilitante para Maduro</u>.

Un inmenso desorden ha reinado en estos episodios de delegación legislativa, tanto que para hacer este libro no nos ha sido fácil acceder a la información de cada una de dichas habilitantes y de los Decretos que bajo su cobertura se han dictado, otro tanto ha ocurrido con la ubicación de las Gacetas Oficiales donde se han publicado. Es tarea de primer orden del nuevo parlamento ordenar, sistematizar esos instrumentos para darle el tratamiento que corresponda, bien sea derogarlos o modificarlos. Otra consideración obligatoria es sobre la verdadera existencia de propósitos y límites de las habilitaciones pues a pesar de que se mencionan propósitos y marco de las materias delegadas, se ha hecho tan general que evidentemente solo han sido una simulación del cumplimiento de dicho requisito, y lo cierto es que desde 1999, año tras año hemos tenido un Poder Legislativo castrado en sus atribuciones, solo se les ve alguna actividad para aprobar acuerdos o convenios realizados por el Ejecutivo. La consulta pública de obligación constitucional para la emisión de leyes no se hace, mucho menos la discusión de proyectos de leyes en el pleno donde hace vida la pluralidad política venezolana, eso no existe, y en cuanto a la actividad contralora ni se diga.

Ese abigarrado conjunto de Decretos Ley y la madre que les dio nacimiento como violatorios de principios fundamentales del Estado Democrático que son encuadran perfectamente dentro del concepto de *"Leyes Infames"* del Dr Carlos Sánchez Berzaín.

Anexo 1

LAS LEYES INFAMES

Por Carlos Sánchez Berzaín[10]
Diario las Américas, 11 de noviembre de 2015

Este es el tipo de normas que pierden incluso la denominación de "ley" y son frecuentemente dictadas como instrumentos de opresión y represión en las dictaduras del socialismo del siglo XXI en Cuba, Venezuela, Ecuador, Bolivia y Nicaragua.

Conceptualizo una "ley infame" como "la norma que elaborada y establecida siguiendo el procedimiento formal para su creación, viola en su objeto y contenido los derechos humanos y las libertades fundamentales". Son leyes en el aspecto formal, pero en el marco del estado de derecho, de la justicia y de la seguridad jurídica, son disposiciones carentes de verdadero sentido de legalidad y sin legitimidad. Este es el tipo de normas que pierden incluso la denominación de "ley" y son frecuentemente dictadas como instrumentos de opresión y represión en las dictaduras del socialismo del siglo XXI en Cuba, Venezuela, Ecuador, Bolivia y Nicaragua.

Se trata de disposiciones del régimen que se tramitan y aprueban por asambleas legislativas sometidas a la voluntad del jefe de Gobierno que las controla con mayorías absolutas conseguidas también en base a normas y sistemas electorales que instituyeron el fraude. Los órganos de legislación han sido convertidos en simples tramitadores o "levanta manos" para cumplir la voluntad del presidente, que perdiendo en rigor tal condición, ejerce como dictador. Todo este andamiaje de "falsa

---

10. Abogado y Politólogo, Director del Interamerican Institute for Democracy

institucionalidad" está fundado en las constituciones políticas que suplantaron precisamente para que sea la base de la "detentación indefinida del poder total" con simulación de la división e independencia de poderes. El complemento final es un poder judicial también subordinado que ratifica y declara cada que es necesaria la "constitucionalidad de las leyes infames".

Las leyes violatorias de derechos humanos y libertades fundamentales se denominan "leyes infames" porque infame es aquello que "carece de honra, crédito y estimación", es por definición lo "muy malo y vil en su especie". Pero además en el caso de tales normas, aunque hayan cumplido los procedimientos legislativos, no les corresponde siquiera la denominación de leyes porque una ley es un "precepto dictado por autoridad competente, en el que se manda o prohíbe algo en consonancia con la justicia y para el bien de los gobernados". Aún forzando que los legisladores levanta manos y las mayorías del oficialismo dictatorial tuvieran "competencia", las leyes infames no contienen "consonancia con la justicia" y en lugar de buscar el bien de los gobernados están violando sus derechos inalienables. Toda la doctrina sobre "la ley" ratifica y refuerza que a las "leyes infames" no son leyes, que son "instrumentos de opresión nulos de plenos derecho" y prueba de responsabilidad penal y política contra sus autores y aplicadores.

Para poner en evidencia las "leyes infames" solo hay que recordar la "Declaración Universal de los Derechos Humanos" aprobada y proclamada por la Organización de Naciones Unidas el 10 de diciembre de 1948, que establece y reconoce que "toda persona tiene derecho a la vida, la libertad y la seguridad de su persona; que nadie será sometido a esclavitud ni a servidumbre…;que nadie será sometido a torturas, ni a penas o tratos crueles, inhumanos o degradantes; derecho en todas partes al reconocimiento de su personalidad jurídica; que todos son iguales ante la ley; la presunción de inocencia; la irretroactividad de la ley; el respeto a vida privada, la honra y la reputación; a circular y viajar libremente; al asilo; a tener una nacionalidad; al matrimonio y a la familia; a la propiedad individual y colectiva y a no ser privado arbitrariamente de su propiedad; la libertad de pensamiento, de conciencia y de religión; la libertad de opinión y de expresión; la libertad de reunión y asociación; a participar del gobierno, a elecciones auténticas, al sufragio universal e igual por voto secreto; a la seguridad social; al trabajo; al descanso; a la salud, a la maternidad; a la educación; a la libre vida cultural y a sus derechos de autor; y que estos derechos y libertades sean plenamente efectivos"

En Cuba, Venezuela, Ecuador, Bolivia y Nicaragua, las leyes infames —que violan los derechos y libertades fundamentales— se han convertido en la base del control político y de miedo que estos regímenes ejercen. Los ciudadanos de cada uno de estos países pueden y deben señalar como infames estas írritas disposiciones que en lugar de constituir garantía son herramienta dictatorial. En Cuba las disposiciones de prohibición de asociación, de peligrosidad predelictiva, de partido único, de control del comercio, de prohibición de viaje, tipificaciones de delitos, procedimientos de juicios, el sistema que denominan de seguridad del estado, las normas restrictivas a la libertad de comunicación y de expresión, gran parte de la estructura legal esta compuesta por "leyes infames" y son el ejemplo de la franquicia extendida a los países bajo el control castrista.

En Venezuela la concesión de poderes extraordinarios al jefe de Gobierno, las normas sobre licencias de telecomunicaciones, las violaciones de la propiedad privada, la persecución política, expropiaciones, juicios que tienen preso político a Leopoldo López y más, que inhabilitan candidatos,....son legales para la dictadura (pero no lícitos ni legítimos) porque están fundados en "leyes infames". En Ecuador la "ley mordaza", el procedimiento por el que Correa pretende re-reelegirse, el denominado "mandato 13" un tema de estudio de caso universal,... son "leyes infames". En Bolivia las manipulaciones para la reelección indefinida de Evo Morales, los procedimientos para enjuiciar y condenar dirigentes políticos y sociales, el avasallamiento de los territorios indígenas, las normas de encubrimiento de la corrupción, la retroactividad con pretexto de lucha contra la corrupción, designaciones, concesiones y más, están todas fundadas en "leyes infames". En Nicaragua además de todas las leyes ya vigentes y similares a las de los países mencionados, Daniel Ortega ahora "quiere una ley para callar y espiar opositores", o sea una nueva "ley infame".

Anexo 2

Declaración Universal de los Derechos Humanos

PREÁMBULO

Considerando que la libertad, la justicia y la paz en el mundo tienen por base el reconocimiento de la dignidad intrínseca y de los derechos iguales e inalienables de todos los miembros de la familia humana;

Considerando que el desconocimiento y el menosprecio de los derechos humanos han originado actos de barbarie ultrajantes para la conciencia de la humanidad, y que se ha proclamado, como la aspiración más elevada del hombre, el advenimiento de un mundo en que los seres humanos, liberados del temor y de la miseria, disfruten de la libertad de palabra y de la libertad de creencias;

Considerando esencial que los derechos humanos sean protegidos por un régimen de Derecho, a fin de que el hombre no se vea compelido al supremo recurso de la rebelión contra la tiranía y la opresión;

Considerando también esencial promover el desarrollo de relaciones amistosas entre las naciones;

Considerando que los pueblos de las Naciones Unidas han reafirmado en la Carta su fe en los derechos fundamentales del hombre, en la dignidad y el valor de la persona humana y en la igualdad de derechos de hombres y mujeres, y se han declarado resueltos a promover el progreso social y a elevar el nivel de vida dentro de un concepto más amplio de la libertad;

Considerando que los Estados Miembros se han comprometido a asegurar, en cooperación con la Organización de las Naciones Unidas, el respeto universal y efectivo a los derechos y libertades fundamentales del hombre, y

Considerando que una concepción común de estos derechos y libertades es de la mayor importancia para el pleno cumplimiento de dicho compromiso;

LA ASAMBLEA GENERAL proclama la presente DECLARACIÓN UNIVERSAL DE DERECHOS HUMANOS como ideal común por el que todos los pueblos y naciones deben esforzarse, a fin de que tanto los individuos como las instituciones, inspirándose constantemente en ella, promuevan, mediante la enseñanza y la educación, el respeto a estos derechos y libertades, y aseguren, por medidas progresivas de carácter nacional e internacional, su reconocimiento y aplicación universales y efectivos, tanto entre los pueblos de los Estados Miembros como entre los de los territorios colocados bajo su jurisdicción.

Artículo 1.
- Todos los seres humanos nacen libres e iguales en dignidad y derechos y, dotados como están de razón y conciencia, deben comportarse fraternalmente los unos con los otros.

Artículo 2.
- Toda persona tiene todos los derechos y libertades proclamados en esta Declaración, sin distinción alguna de raza, color, sexo, idioma, religión, opinión política o de cualquier otra índole, origen nacional o social, posición económica, nacimiento o cualquier otra condición.
- Además, no se hará distinción alguna fundada en la condición política, jurídica o internacional del país o territorio de cuya jurisdicción dependa una persona, tanto si se trata de un país independiente, como de un territorio bajo administración fiduciaria, no autónomo o sometido a cualquier otra limitación de soberanía.

Artículo 3.
- Todo individuo tiene derecho a la vida, a la libertad y a la seguridad de su persona.

Artículo 4.
- Nadie estará sometido a esclavitud ni a servidumbre, la esclavitud y la trata de esclavos están prohibidas en todas sus formas.

Artículo 5.
- Nadie será sometido a torturas ni a penas o tratos crueles, inhumanos o degradantes.

Artículo 6.
- Todo ser humano tiene derecho, en todas partes, al reconocimiento de su personalidad jurídica.

Artículo 7.
- Todos son iguales ante la ley y tienen, sin distinción, derecho a igual protección de la ley. Todos tienen derecho a igual protección contra toda discriminación que infrinja esta Declaración y contra toda provocación a tal discriminación.

Artículo 8.
- Toda persona tiene derecho a un recurso efectivo ante los tribunales nacionales competentes, que la ampare contra actos que violen sus derechos fundamentales reconocidos por la constitución o por la ley.

Artículo 9.
- Nadie podrá ser arbitrariamente detenido, preso ni desterrado.

Artículo 10.
- Toda persona tiene derecho, en condiciones de plena igualdad, a ser oída públicamente y con justicia por un tribunal independiente e imparcial, para la determinación de sus derechos y obligaciones o para el examen de cualquier acusación contra ella en materia penal.

Artículo 11.
- 1. Toda persona acusada de delito tiene derecho a que se presuma su inocencia mientras no se pruebe su culpabilidad, conforme a la ley y en juicio público en el que se le hayan asegurado todas las garantías necesarias para su defensa.
- 2. Nadie será condenado por actos u omisiones que en el momento de cometerse no fueron delictivos según el Derecho nacional o internacional. Tampoco se impondrá pena más grave que la aplicable en el momento de la comisión del delito.

Artículo 12.
- Nadie será objeto de injerencias arbitrarias en su vida privada, su familia, su domicilio o su correspondencia, ni de ataques a su honra o a su reputación. Toda persona tiene derecho a la protección de la ley contra tales injerencias o ataques.

Artículo 13.
- 1. Toda persona tiene derecho a circular libremente y a elegir su residencia en el territorio de un Estado.
- 2. Toda persona tiene derecho a salir de cualquier país, incluso del propio, y a regresar a su país.

Artículo 14.
- 1. En caso de persecución, toda persona tiene derecho a buscar asilo, y a disfrutar de él, en cualquier país.
- 2. Este derecho no podrá ser invocado contra una acción judicial realmente originada por delitos comunes o por actos opuestos a los propósitos y principios de las Naciones Unidas.

Artículo 15.
- 1. Toda persona tiene derecho a una nacionalidad.
- 2. A nadie se privará arbitrariamente de su nacionalidad ni del derecho a cambiar de nacionalidad.

Artículo 16.
- 1. Los hombres y las mujeres, a partir de la edad núbil, tienen derecho, sin restricción alguna por motivos de raza, nacionalidad o religión, a casarse y fundar una familia, y disfrutarán de iguales derechos en cuanto al matrimonio, durante el matrimonio y en caso de disolución del matrimonio.
- 2. Sólo mediante libre y pleno consentimiento de los futuros esposos podrá contraerse el matrimonio.
- 3. La familia es el elemento natural y fundamental de la sociedad y tiene derecho a la protección de la sociedad y del Estado.

Artículo 17.
- 1. Toda persona tiene derecho a la propiedad, individual y colectivamente.
- 2. Nadie será privado arbitrariamente de su propiedad.

Artículo 18.

- Toda persona tiene derecho a la libertad de pensamiento, de conciencia y de religión; este derecho incluye la libertad de cambiar de religión o de creencia, así como la libertad de manifestar su religión o su creencia, individual y colectivamente, tanto en público como en privado, por la enseñanza, la práctica, el culto y la observancia.

Artículo 19.

- Todo individuo tiene derecho a la libertad de opinión y de expresión; este derecho incluye el de no ser molestado a causa de sus opiniones, el de investigar y recibir informaciones y opiniones, y el de difundirlas, sin limitación de fronteras, por cualquier medio de expresión.

Artículo 20.

- 1. Toda persona tiene derecho a la libertad de reunión y de asociación pacíficas.
- 2. Nadie podrá ser obligado a pertenecer a una asociación.

Artículo 21.

- 1. Toda persona tiene derecho a participar en el gobierno de su país, directamente o por medio de representantes libremente escogidos.
- 2. Toda persona tiene el derecho de accceso, en condiciones de igualdad, a las funciones públicas de su país.
- 3. La voluntad del pueblo es la base de la autoridad del poder público; esta voluntad se expresará mediante elecciones auténticas que habrán de celebrarse periódicamente, por sufragio universal e igual y por voto secreto u otro procedimiento equivalente que garantice la libertad del voto.

Artículo 22.

- Toda persona, como miembro de la sociedad, tiene derecho a la seguridad social, y a obtener, mediante el esfuerzo nacional y la cooperación internacional, habida cuenta de la organización y los recursos de cada Estado, la satisfacción de los derechos económicos, sociales y culturales, indispensables a su dignidad y al libre desarrollo de su personalidad.

Artículo 23.
- 1. Toda persona tiene derecho al trabajo, a la libre elección de su trabajo, a condiciones equitativas y satisfactorias de trabajo y a la protección contra el desempleo.
- 2. Toda persona tiene derecho, sin discriminación alguna, a igual salario por trabajo igual.
- 3. Toda persona que trabaja tiene derecho a una remuneración equitativa y satisfactoria, que le asegure, así como a su familia, una existencia conforme a la dignidad humana y que será completada, en caso necesario, por cualesquiera otros medios de protección social.
- 4. Toda persona tiene derecho a fundar sindicatos y a sindicarse para la defensa de sus intereses.

Artículo 24.
- Toda persona tiene derecho al descanso, al disfrute del tiempo libre, a una limitación razonable de la duración del trabajo y a vacaciones periódicas pagadas.

Artículo 25.
- 1. Toda persona tiene derecho a un nivel de vida adecuado que le asegure, así como a su familia, la salud y el bienestar, y en especial la alimentación, el vestido, la vivienda, la asistencia médica y los servicios sociales necesarios; tiene asimismo derecho a los seguros en caso de desempleo, enfermedad, invalidez, viudez, vejez u otros casos de pérdida de sus medios de subsistencia por circunstancias independientes de su voluntad.
- 2. La maternidad y la infancia tienen derecho a cuidados y asistencia especiales. Todos los niños, nacidos de matrimonio o fuera de matrimonio, tienen derecho a igual protección social.

Artículo 26.
- 1. Toda persona tiene derecho a la educación. La educación debe ser gratuita, al menos en lo concerniente a la instrucción elemental y fundamental. La instrucción elemental será obligatoria. La instrucción técnica y profesional habrá de ser

generalizada; el acceso a los estudios superiores será igual para todos, en función de los méritos respectivos.
- 2. La educación tendrá por objeto el pleno desarrollo de la personalidad humana y el fortalecimiento del respeto a los derechos humanos y a las libertades fundamentales; favorecerá la comprensión, la tolerancia y la amistad entre todas las naciones y todos los grupos étnicos o religiosos, y promoverá el desarrollo de las actividades de las Naciones Unidas para el mantenimiento de la paz.
- 3. Los padres tendrán derecho preferente a escoger el tipo de educación que habrá de darse a sus hijos.

Artículo 27.
- 1. Toda persona tiene derecho a tomar parte libremente en la vida cultural de la comunidad, a gozar de las artes y a participar en el progreso científico y en los beneficios que de él resulten.
- 2. Toda persona tiene derecho a la protección de los intereses morales y materiales que le correspondan por razón de las producciones científicas, literarias o artísticas de que sea autora.

Artículo 28.
- Toda persona tiene derecho a que se establezca un orden social e internacional en el que los derechos y libertades proclamados en esta Declaración se hagan plenamente efectivos.

Artículo 29.
- 1. Toda persona tiene deberes respecto a la comunidad, puesto que sólo en ella puede desarrollar libre y plenamente su personalidad.
- 2. En el ejercicio de sus derechos y en el disfrute de sus libertades, toda persona estará solamente sujeta a las limitaciones establecidas por la ley con el único fin de asegurar el reconocimiento y el respeto de los derechos y libertades de los demás, y de satisfacer las justas exigencias de la moral, del orden público y del bienestar general en una sociedad democrática.

- 3. Estos derechos y libertades no podrán, en ningún caso, ser ejercidos en oposición a los propósitos y principios de las Naciones Unidas.

Artículo 30.
- Nada en esta Declaración podrá interpretarse en el sentido de que confiere derecho alguno al Estado, a un grupo o a una persona, para emprender y desarrollar actividades o realizar actos tendientes a la supresión de cualquiera de los derechos y libertades proclamados en esta Declaración.

Anexo 3

Ley habilitante o de plenos poderes de Adolfo Hitler, 1933

En la página siguiente el texto original en alemán

Ley para solucionar las urgencias del Pueblo y la Nación

El Reichstag ha puesto en vigor la siguiente ley, la cual es proclamada con el consentimiento del Reichsrat, habiendo sido establecido que los requisitos para una enmienda constitucional han sido cumplidos:

Artículo 1 - En adición al procedimiento establecido por la Constitución, las leyes del Reich pueden también ser emitidas por el Gobierno del Reich. Esto incluye a las leyes referidas en los artículos 85, párrafo 2 y artículo 87 de la Constitución.

Artículo 2 - Las leyes emitidas por el Gobierno del Reich pueden diferir de la Constitución en tanto no contradigan las instituciones del Reichstag y del Reichsrat. Los derechos del Presidente quedan sin modificación.

Artículo 3 - Las leyes emitidas por el gobierno del Reich deben ser promulgadas por el Canciller y publicadas en el diario oficial del Reich. Tales leyes entrarán en efecto al día siguiente de la publicación salvo que se indicase una fecha diferente. Los artículos 68 al 77 de la Constitución no se aplican a las leyes emitidas por el gobierno del Reich.

Artículo 4 - Los tratados celebrados por el Reich con Estados extranjeros que afecten materia de las legislación del Reich no necesitarán la aprobación de las cámaras legislativas. El gobierno del Reich debe promulgar las reglas necesarias para la ejecución de tales tratados.

Artículo 5 - Esta ley entra en vigor el día de su publicación. Queda sin vigencia el 1 de abril de 1937 o si el actual gobierno del Reich fuese sustituido por otro.

Reichsgesetzblatt

Teil I

| 1933 | Ausgegeben zu Berlin, den 24. März 1933 | Nr. 25 |

Inhalt: Gesetz zur Behebung der Not von Volk und Reich. Vom 24. März 1933 .... S. 141

Gesetz zur Behebung der Not von Volk und Reich.
Vom 24. März 1933.

Der Reichstag hat das folgende Gesetz beschlossen, das mit Zustimmung des Reichsrats hiermit verkündet wird, nachdem festgestellt ist, daß die Erfordernisse verfassungändernder Gesetzgebung erfüllt sind:

Artikel 1
Reichsgesetze können außer in dem in der Reichsverfassung vorgesehenen Verfahren auch durch die Reichsregierung beschlossen werden. Dies gilt auch für die in den Artikeln 85 Abs. 2 und 87 der Reichsverfassung bezeichneten Gesetze.

Artikel 2
Die von der Reichsregierung beschlossenen Reichsgesetze können von der Reichsverfassung abweichen, soweit sie nicht die Einrichtung des Reichstags und des Reichsrats als solche zum Gegenstand haben. Die Rechte des Reichspräsidenten bleiben unberührt.

Artikel 3
Die von der Reichsregierung beschlossenen Reichsgesetze werden vom Reichskanzler ausgefertigt und im Reichsgesetzblatt verkündet. Sie treten, soweit sie nichts anderes bestimmen, mit dem auf die Verkündung folgenden Tage in Kraft. Die Artikel 68 bis 77 der Reichsverfassung finden auf die von der Reichsregierung beschlossenen Gesetze keine Anwendung.

Artikel 4
Verträge des Reichs mit fremden Staaten, die sich auf Gegenstände der Reichsgesetzgebung beziehen, bedürfen nicht der Zustimmung der an der Gesetzgebung beteiligten Körperschaften. Die Reichsregierung erläßt die zur Durchführung dieser Verträge erforderlichen Vorschriften.

Artikel 5
Dieses Gesetz tritt mit dem Tage seiner Verkündung in Kraft. Es tritt mit dem 1. April 1937 außer Kraft; es tritt ferner außer Kraft, wenn die gegenwärtige Reichsregierung durch eine andere abgelöst wird.

Berlin, den 24. März 1933.

Der Reichspräsident
von Hindenburg

Der Reichskanzler
Adolf Hitler

Der Reichsminister des Innern
Frick

Der Reichsminister des Auswärtigen
Freiherr von Neurath

Der Reichsminister der Finanzen
Graf Schwerin von Krosigk

Das Reichsgesetzblatt erscheint in zwei gesonderten Teilen — Teil I und Teil II —.
Fortlaufender Bezug nur durch die Postanstalten. Bezugspreis vierteljährlich für Teil I = 1,10 RM, für Teil II = 1,50 RM. Einzelbezug jeder (auch jeder älteren) Nummer nur vom Reichsverlagsamt, Berlin NW 40, Scharnhorststr. 4 (Postscheckkonto: Berlin 96 200). Preis für den achtseitigen Bogen 15 Rpf, aus abgelaufenen Jahrgängen 10 Rpf, ausschließlich der Postdrucksachengebühr. Bei größeren Bestellungen 10 bis 40 v. H. Preisermäßigung.
Herausgegeben vom Reichsministerium des Innern. — Gedruckt in der Reichsdruckerei, Berlin.

(Vierzehnter Tag nach Ablauf des Ausgabetags: 7. April 1933.)

Anexo 4

Carta Democrática Interamericana

Aprobada en la primera sesión plenaria, celebrada el 11 de septiembre de 2001

I

La democracia y el sistema interamericano

Artículo 1

Los pueblos de América tienen derecho a la democracia y sus gobiernos la obligación de promoverla y defenderla.

La democracia es esencial para el desarrollo social, político y económico de los pueblos de las Américas.

Artículo 2

El ejercicio efectivo de la democracia representativa es la base del estado de derecho y los regímenes constitucionales de los Estados Miembros de la Organización de los Estados Americanos. La democracia representativa se refuerza y profundiza con la participación permanente, ética y responsable de la ciudadanía en un marco de legalidad conforme al respectivo orden constitucional.

Artículo 3

Son elementos esenciales de la democracia representativa, entre otros, el respeto a los derechos humanos y las libertades fundamentales; el acceso al poder y su ejercicio con sujeción al estado de derecho; la celebración de elecciones periódicas, libres, justas y basadas en el sufragio universal y secreto como expresión de la soberanía del pueblo; el régimen plural de partidos y organizaciones políticas; y la separación e independencia de los poderes públicos.

Artículo 4

Son componentes fundamentales del ejercicio de la democracia la transparencia de las actividades gubernamentales, la probidad, la responsabilidad de los gobiernos en la gestión pública, el respeto por los derechos sociales y la libertad de expresión y de prensa.

La subordinación constitucional de todas las instituciones del Estado a la autoridad civil legalmente constituida y el respeto al estado de derecho de todas las entidades y sectores de la sociedad son igualmente fundamentales para la democracia.

Artículo 5

El fortalecimiento de los partidos y de otras organizaciones políticas es prioritario para la democracia. Se deberá prestar atención especial a la problemática derivada de los altos costos de las campañas electorales y al establecimiento de un régimen equilibrado y transparente de financiación de sus actividades.

Artículo 6

La participación de la ciudadanía en las decisiones relativas a su propio desarrollo es un derecho y una responsabilidad. Es también una condición necesaria para el pleno y efectivo ejercicio de la democracia. Promover y fomentar diversas formas de participación fortalece la democracia.

II

La democracia y los derechos humanos

Artículo 7

La democracia es indispensable para el ejercicio efectivo de las libertades fundamentales y los derechos humanos, en su carácter universal, indivisible e interdependiente, consagrados en las respectivas constituciones de los Estados y en los instrumentos interamericanos e internacionales de derechos humanos.

Artículo 8

Cualquier persona o grupo de personas que consideren que sus derechos humanos han sido violados pueden interponer denuncias o peticiones ante el sistema interamericano de promoción y protección de los derechos humanos conforme a los procedimientos establecidos en el mismo.

Los Estados Miembros reafirman su intención de fortalecer el sistema interamericano de protección de los derechos humanos para la consolidación de la democracia en el Hemisferio.

Artículo 9

La eliminación de toda forma de discriminación, especialmente la discriminación de género, étnica y racial, y de las diversas formas de intolerancia, así como la promoción y protección de los derechos humanos de los pueblos indígenas y los migrantes y el respeto a la diversidad étnica, cultural y religiosa en las Américas, contribuyen al fortalecimiento de la democracia y la participación ciudadana.

Artículo 10

La promoción y el fortalecimiento de la democracia requieren el ejercicio pleno y eficaz de los derechos de los trabajadores y la aplicación de normas laborales básicas, tal como están consagradas en la Declaración de la Organización Internacional del Trabajo (OIT) relativa a los Principios y Derechos Fundamentales en el Trabajo y su Seguimiento, adoptada en 1998, así como en otras convenciones básicas afines de la OIT. La democracia se fortalece con el mejoramiento de las condiciones laborales y la calidad de vida de los trabajadores del Hemisferio.

III
Democracia, desarrollo integral y combate a la pobreza

Artículo 11

La democracia y el desarrollo económico y social son interdependientes y se refuerzan mutuamente.

Artículo 12

La pobreza, el analfabetismo y los bajos niveles de desarrollo humano son factores que inciden negativamente en la consolidación de la democracia. Los Estados Miembros de la OEA se comprometen a adoptar y ejecutar todas las acciones necesarias para la creación de empleo productivo, la reducción de la pobreza y la erradicación de la pobreza extrema, teniendo en cuenta las diferentes realidades y condiciones económicas de los países del Hemisferio. Este compromiso común frente a los problemas del desarrollo y la pobreza también destaca la importancia de mantener los equilibrios macroeconómicos y el imperativo de fortalecer la cohesión social y la democracia.

Artículo 13

La promoción y observancia de los derechos económicos, sociales y culturales son consustanciales al desarrollo integral, al crecimiento económico con equidad y a la consolidación de la democracia en los Estados del Hemisferio.

Artículo 14

Los Estados Miembros acuerdan examinar periódicamente las acciones adoptadas y ejecutadas por la Organización encaminadas a fomentar el diálogo, la cooperación para el desarrollo integral y el combate a la pobreza en el Hemisferio, y tomar las medidas oportunas para promover estos objetivos.

Artículo 15

El ejercicio de la democracia facilita la preservación y el manejo adecuado del medio ambiente. Es esencial que los Estados del Hemisferio implementen políticas y estrategias de protección del medio ambiente, respetando los diversos tratados y convenciones, para lograr un desarrollo sostenible en beneficio de las futuras generaciones.

Artículo 16

La educación es clave para fortalecer las instituciones democráticas, promover el desarrollo del potencial humano y el alivio de la pobreza y fomentar un mayor entendimiento entre los pueblos. Para lograr estas metas, es esencial que una educación de calidad esté al alcance de todos, incluyendo a las niñas y las mujeres, los habitantes de las zonas rurales y las personas que pertenecen a las minorías.

IV

Fortalecimiento y preservación de la institucionalidad democrática

Artículo 17

Cuando el gobierno de un Estado Miembro considere que está en riesgo su proceso político institucional democrático o su legítimo ejercicio del poder, podrá recurrir al Secretario General o al Consejo Permanente a fin de solicitar asistencia para el fortalecimiento y preservación de la institucionalidad democrática.

Artículo 18

Cuando en un Estado Miembro se produzcan situaciones que pudieran afectar el desarrollo del proceso político institucional democrático o el legítimo ejercicio del poder, el Secretario General o el Consejo Permanente podrá, con el consentimiento previo del gobierno afectado, disponer visitas y otras gestiones con la finalidad de hacer un análisis de la situación. El Secretario General elevará un informe al Consejo Permanente, y éste realizará una apreciación colectiva de la situación y, en caso necesario, podrá adoptar decisiones dirigidas a la preservación de la institucionalidad democrática y su fortalecimiento.

Artículo 19

Basado en los principios de la Carta de la OEA y con sujeción a sus normas, y en concordancia con la cláusula democrática contenida en la Declaración de la ciudad de Quebec, la ruptura del orden democrático o una alteración del orden constitucional que afecte gravemente el orden democrático en un Estado Miembro constituye, mientras persista, un obstáculo insuperable para la participación de su gobierno en las sesiones de la Asamblea General, de la Reunión de Consulta, de los Consejos de la Organización y de las conferencias especializadas, de las comisiones, grupos de trabajo y demás órganos de la Organización.

Artículo 20

En caso de que en un Estado Miembro se produzca una alteración del orden constitucional que afecte gravemente su orden democrático, cualquier Estado Miembro o el Secretario General podrá solicitar la convocatoria inmediata del Consejo Permanente para realizar una apreciación colectiva de la situación y adoptar las decisiones que estime conveniente.

El Consejo Permanente, según la situación, podrá disponer la realización de las gestiones diplomáticas necesarias, incluidos los buenos oficios, para promover la normalización de la institucionalidad democrática.

Si las gestiones diplomáticas resultaren infructuosas o si la urgencia del caso lo aconsejare, el Consejo Permanente convocará de inmediato un período extraordinario de sesiones de la Asamblea General para que ésta adopte las decisiones que estime apropiadas, incluyendo gestiones diplomáticas, conforme a la Carta de la Organización, el derecho internacional y las disposiciones de la presente Carta Democrática.

Durante el proceso se realizarán las gestiones diplomáticas necesarias, incluidos los buenos oficios, para promover la normalización de la institucionalidad democrática.

Artículo 21

Cuando la Asamblea General, convocada a un período extraordinario de sesiones, constate que se ha producido la ruptura del orden democrático en un Estado Miembro y que las gestiones diplomáticas han sido infructuosas, conforme a la Carta de la OEA tomará la decisión de suspender a dicho Estado Miembro del ejercicio de su derecho de participación en la OEA con el voto afirmativo de los dos tercios de los Estados Miembros. La suspensión entrará en vigor de inmediato.

El Estado Miembro que hubiera sido objeto de suspensión deberá continuar observando el cumplimiento de sus obligaciones como miembro de la Organización, en particular en materia de derechos humanos.

Adoptada la decisión de suspender a un gobierno, la Organización mantendrá sus gestiones diplomáticas para el restablecimiento de la democracia en el Estado Miembro afectado.

Artículo 22

Una vez superada la situación que motivó la suspensión, cualquier Estado Miembro o el Secretario General podrá proponer a la Asamblea General el levantamiento de la suspensión. Esta decisión se adoptará por el voto de los dos tercios de los Estados Miembros, de acuerdo con la Carta de la OEA.

V
La democracia y las misiones de observación electoral

Artículo 23

Los Estados Miembros son los responsables de organizar, llevar a cabo y garantizar procesos electorales libres y justos.

Los Estados Miembros, en ejercicio de su soberanía, podrán solicitar a la OEA asesoramiento o asistencia para el fortalecimiento y desarrollo de sus instituciones y procesos electorales, incluido el envío de misiones preliminares para ese propósito.

Artículo 24

Las misiones de observación electoral se llevarán a cabo por solicitud del Estado Miembro interesado. Con tal finalidad, el gobierno de dicho Estado y el Secretario General celebrarán un convenio que determine el alcance y la cobertura de la misión de observación electoral de que se trate. El Estado Miembro deberá garantizar las condiciones de seguridad, libre acceso a la información y amplia cooperación con la misión de observación electoral.

Las misiones de observación electoral se realizarán de conformidad con los principios y normas de la OEA. La Organización deberá asegurar la eficacia e independencia de estas misiones, para lo cual se las dotará de los recursos necesarios. Las mismas se realizarán de forma objetiva, imparcial y transparente, y con la capacidad técnica apropiada.

Las misiones de observación electoral presentarán oportunamente al Consejo Permanente, a través de la Secretaría General, los informes sobre sus actividades.

Artículo 25

Las misiones de observación electoral deberán informar al Consejo Permanente, a través de la Secretaría General, si no existiesen las condiciones necesarias para la realización de elecciones libres y justas.

La OEA podrá enviar, con el acuerdo del Estado interesado, misiones especiales a fin de contribuir a crear o mejorar dichas condiciones.

VI
Promoción de la cultura democrática

Artículo 26

La OEA continuará desarrollando programas y actividades dirigidos a promover los principios y prácticas democráticas y fortalecer la cultura democrática en el Hemisferio, considerando que la democracia es un sistema de vida fundado en la libertad y el mejoramiento económico, social y cultural de los pueblos. La OEA mantendrá consultas y cooperación continua con los Estados Miembros, tomando en cuenta los aportes de organizaciones de la sociedad civil que trabajen en esos ámbitos.

Artículo 27

Los programas y actividades se dirigirán a promover la gobernabilidad, la buena gestión, los valores democráticos y el fortalecimiento de la institucionalidad política y de las organizaciones de la sociedad civil. Se prestará atención especial al desarrollo de programas y actividades para la educación de la niñez y la juventud como forma de asegurar la permanencia de los valores democráticos, incluidas la libertad y la justicia social.

Artículo 28

Los Estados promoverán la plena e igualitaria participación de la mujer en las estructuras políticas de sus respectivos países como elemento fundamental para la promoción y ejercicio de la cultura democrática.

Anexo 5

Sentencia 1716, Sala Constitucional, Expediente 2043

Sentencia de la Sala Constitucional del TSJ sobre la constitucionalidad del carácter Orgánico del Decreto Ley con fuerza de Ley Orgánica de los espacios acuáticos e insulares.

......

II

COMPETENCIA

En primer término, debe esta Sala Constitucional pronunciarse en torno a su competencia para conocer del presente asunto y al respecto hace las siguientes consideraciones:

De acuerdo con lo previsto en el artículo 203 de la Constitución de la República Bolivariana de Venezuela, las leyes que la Asamblea Nacional haya calificado de orgánicas deben ser remitidas antes de su promulgación a esta Sala Constitucional para que se pronuncie acerca de la constitucionalidad de su carácter orgánico.

Ahora bien, en el caso de autos el cuerpo normativo que debe ser analizado por esta Sala, a los fines de emitir tal pronunciamiento, es el Decreto con Fuerza de Ley Orgánica de los Espacios Acuáticos e Insulares, dictado por el Presidente de la República mediante Decreto N° 1.437 del 30 de agosto de 2001.

Visto lo expuesto, debe esta Sala determinar previamente si el Presidente de la República está facultado para dictar un Decreto Ley Orgánico por habilitación legislativa y, en caso afirmativo, si ese acto normativo estaría sometido al control previo de constitucionalidad de su carácter orgánico por parte de esta Sala Constitucional.

Al respecto, el artículo 236, numeral 8 de la Constitución vigente, dispone de manera amplia y sin ningún tipo de limitación, la atribución del Presidente de la República para "Dictar, previa autorización por una ley habilitante, decretos con fuerza de ley", con lo cual se modificó el régimen previsto en la Constitución de 1961, que atribuía al Ejecutivo Nacional la competencia para dictar decretos leyes exclusivamente "en materia eco-

nómica y financiera cuando así lo requiera el interés público y haya sido autorizado para ello por ley especial" (artículo 190, ordinal 8º).

Puede apreciarse, en consecuencia, que, de acuerdo con el nuevo régimen constitucional, no existe un límite material en cuanto al objeto o contenido del decreto ley, de manera que, a través del mismo, pueden ser reguladas materias que, según el artículo 203 de la Constitución, corresponden a leyes orgánicas; así, no existe limitación en cuanto a la jerarquía del decreto ley que pueda dictarse con ocasión de una ley habilitante, por lo cual podría adoptar no sólo el rango de una ley ordinaria sino también de una ley orgánica.

Igualmente aprecia la Sala que el Presidente de la República puede entenderse facultado para dictar —dentro de los límites de las leyes habilitantes— Decretos con fuerza de Ley Orgánica, ya que las leyes habilitantes son leyes orgánicas por su naturaleza, al estar contenidas en el artículo 203 de la Constitución de la República Bolivariana de Venezuela, el cual se encuentra íntegramente referido a las leyes orgánicas. Así, las leyes habilitantes son, por definición leyes marco —lo que determina su carácter orgánico en virtud del referido artículo— ya que, al habilitar al Presidente de la República para que ejerza funciones legislativas en determinadas materias, le establece las directrices y parámetros de su actuación la que deberá ejercer dentro de lo establecido en esa Ley; además así son expresamente definidas las leyes habilitantes en el mencionado artículo al disponer que las mismas tienen por finalidad "establecer las directrices, propósitos y <u>marco</u> de las materias que se delegan al Presidente o Presidenta de la República...".

En este contexto, debe destacarse la particular característica que poseen las leyes habilitantes, ya que, a pesar de ser leyes marco (categoría 4), no requieren del control previo que ejerce esta Sala para determinar si las mismas tienen carácter orgánico; ello debido a que ha sido el propio Constituyente, en su artículo 203, quien las definió como tales, lo que significa que dichas leyes deban ser consideradas como orgánicas, aparte del quórum calificado que, para su sanción, prevé el artículo 203 de la Constitución de la República Bolivariana de Venezuela.

Así, visto que el Presidente de la República puede dictar decretos con rango de leyes orgánicas, debe esta Sala determinar si los mismos están sujetos al control previo de la constitucionalidad de su carácter orgánico por parte de la Sala Constitucional.

En este sentido, observa la Sala que el Decreto con fuerza de Ley Orgánica de los Espacios Acuáticos e Insulares, fue dictado con base en la ley habilitante sancionada por la Asamblea Nacional, publicada en la Gaceta Oficial de la República Bolivariana de Venezuela N° 37.076 del 13 de noviembre de 2000, en la cual se delegó en el Presidente de la República la potestad de dictar actos con rango y fuerza de ley en las materias expresamente señaladas.

A este respecto, el artículo 203 hace referencia a que las "leyes que la <u>Asamblea Nacional</u> haya calificado de orgánicas serán sometidas antes de su promulgación a la Sala Constitucional del Tribunal Supremo de Justicia, para que se pronuncie acerca de la constitucionalidad de su carácter orgánico" (subrayado nuestro); ello en razón de que la formación (discusión y sanción) de leyes es una atribución que por su naturaleza le corresponde al órgano del Poder Legislativo. No obstante, si en virtud de una habilitación de la Asamblea Nacional se autoriza al Presidente para legislar, el resultado de dicha habilitación (legislación delegada) tiene que someterse al mismo control previo por parte de la Sala Constitucional.

En este sentido, el control asignado a esta Sala tiene que ver con la verificación previa de la constitucionalidad del carácter orgánico de la ley (control objetivo del acto estatal), independientemente del órgano (sujeto) que emite el acto estatal, siempre que esté constitucionalmente habilitado para ello (Asamblea Nacional o Presidente de la República en virtud de la habilitación legislativa).

Así, si bien el Decreto con fuerza de Ley Orgánica de los Espacios Acuáticos e Insulares no fue dictado por la Asamblea Nacional, lo fue por delegación de ésta, razón por la cual esta Sala resulta competente para pronunciarse acerca de la constitucionalidad del carácter orgánico del mismo, y así se declara.

IV

ANÁLISIS DEL CARÁCTER ORGÁNICO DEL PROYECTO SOMETIDO A CONSIDERACIÓN

Tal como lo establece el artículo 203 de la Constitución de la República Bolivariana de Venezuela existen cuatro categorías de Leyes Orgá-

nicas, a saber: 1) las que así denomina la Constitución; 2) las que se dicten para organizar los poderes públicos; 3) las que desarrollen derechos constitucionales; y 4) las que sirvan de marco normativo a otras leyes.

La disposición mencionada, tal y como lo ha señalado esta Sala en su sentencia N° 537 del 12 de junio de 2000 (caso: Ley Orgánica de Telecomunicaciones), contiene una clasificación que utiliza criterios de división lógica distintos, pues las categorías 1 y 4 obedecen a un criterio técnico-formal, es decir, al de su denominación constitucional o la calificación, por la Asamblea Nacional (o del Presidente de la República en caso de los Decretos-Leyes), de su carácter de Ley marco o cuadro; mientras que las categorías 2 y 3 obedecen a un principio material relativo a la organicidad del Poder Público y al desarrollo de los derechos constitucionales.

En el fondo, la categoría 4 implica una investidura del propio órgano del cual emanó, pues la Constitución de la República Bolivariana de Venezuela no precisa pautas para su sanción y, a diferencia de la categoría 1, la constitucionalidad de la calificación de orgánica de las leyes incluidas en este rubro, requiere el pronunciamiento de la Sala Constitucional para que tal calificación sea jurídicamente válida.

Desde luego que el pronunciamiento de la Sala Constitucional es necesario para cualquiera de las categorías señaladas, excepto para las leyes orgánicas por denominación constitucional, pues el artículo 203 de la Constitución de la República Bolivariana de Venezuela se refiere a "... las leyes que la Asamblea Nacional haya calificado de orgánicas", lo que significa que son todas las incluidas en las categorías 2, 3 y 4.

La calificación de la Asamblea Nacional o del Presidente de la República, en caso de los Decretos-Leyes depende, por tanto, del objeto de la regulación (criterio material), para las categorías 2 y 3, y del carácter técnico-formal de la ley marco o cuadro, para la categoría 4. En esta última categoría, el carácter técnico-formal se vincula con el carácter general de la Ley Orgánica respecto de la especificidad de la Ley o leyes subordinadas. Ello permitiría establecer, en cada caso, y tomando en cuenta los criterios exigidos para las categorías 2 y 3, las condiciones materiales de su organicidad.

Ahora bien, esta Sala, luego de analizar los fundamentos teóricos anteriormente anotados, considera que el Decreto con fuerza de Ley

Orgánica de los Espacios Acuáticos e Insulares es constitucionalmente orgánica por los motivos siguientes:

1.- *Regula el ejercicio de la soberanía, jurisdicción o control sobre los espacios acuáticos e insulares de la República, comprendiendo al mar territorial, la zona contigua, la zona económica exclusiva y la plataforma continental, a que hace referencia el artículo 11 de la Constitución de la República Bolivariana de Venezuela.*

2.- *Se trata de una Ley que incide en la organización del Poder Público, al crear órganos jurisdiccionales superiores y de primera instancia con jurisdicción sobre todo el espacio acuático nacional, sobre los buques inscritos en el Registro Naval Venezolano, independientemente de la jurisdicción de las aguas donde se encuentren y sobre los buques extranjeros que se encuentren en aguas bajo jurisdicción nacional.*

3- *Se trata de una Ley que satisface las exigencias técnico-formales de la prescripción general sobre la materia que regula, mediante principios normativos válidos para las otras leyes que se sancionen conforme al artículo 156, numerales 26 y 30, de la Constitución de la República Bolivariana de Venezuela.*

Con base en las anteriores consideraciones, este Máximo Tribunal se pronuncia, conforme a lo previsto en el artículo 203 de la Constitución de la República Bolivariana de Venezuela, en el sentido de declarar la constitucionalidad del carácter orgánico del Decreto con fuerza de Ley Orgánica de los Espacios Acuáticos e Insulares, y así se declara.

DECISIÓN

Por las razones expuestas, esta Sala Constitucional del Tribunal Supremo de Justicia, en nombre de la República por autoridad de la Ley, conforme a lo previsto en el artículo 203 de la Constitución de la República Bolivariana de Venezuela, declara **LA CONSTITUCIONALIDAD DEL CARÁCTER ORGÁNICO DEL DECRETO CON FUERZA DE LEY ORGANICA DE LOS ESPACIOS ACUÁTICOS E INSULARES.**

Publíquese, regístrese y comuníquese. Remítase al Presidente de la República Bolivariana de Venezuela copia certificada de la presente decisión. Cúmplase lo ordenado.

Dada, firmada y sellada en el Salón de Despacho de la Sala Constitucional del Tribunal Supremo de Justicia, en Caracas, a los 19 de SEP-

TIEMBRE de dos mil uno. Años: 191º de la Independencia y 142º de la Federación.

Presidente ponente, Iván Rincón Urdaneta.

Magistrados:

José Manuel Delgado Ocando.

Jesús Eduardo Cabrera Romero.

Antonio García García.

Pedro Rondón Haaz.

www.ingramcontent.com/pod-product-compliance
Lightning Source LLC
Chambersburg PA
CBHW071812200526
45169CB00017B/184